Martina Kern

jesus jetzt

die decodierung eines mythos

1. Auflage 2019

Herausgeber: tao.de

Autor: Kern, Martina

Umschlaggestaltung, Illustration: tao.de

Herstellung: tredition GmbH, Halenreie 40-44,

22359 Hamburg

Verlag: tao.de in Kamphausen Media GmbH, Bielefeld

www.tao.de, eMail: info@tao.de

Bibliografische Information der Deutschen Nationalbibliothek: Die Deutsche Nationalbibliothek verzeichnet diese Publikation in der Deutschen Nationalbibliografie; detaillierte bibliografische Daten sind im Internet über http://dnb.d-nb.de abrufbar.

ISBN 978-3-96240-551-9 (Paperback)

ISBN 978-3-96240-552-6 (Hardcover)

ISBN 978-3-96240-553-3 (e-Book)

inhaltsverzeichnis

einblick

Was kann jemanden dazu bewegen, ein Buch über Jesus zu schreiben? Es kann nur die Liebe zur Wahrheit sein, die die Sehnsucht in sich trägt, dich aus dem Gefängnis deiner Konditionierung zu befreien. Jesus, sofern es ihn gab, wollte das auch und sprach das aus, was in uns allen drängt, denn „unterhalb" deiner Konditionierung liegt Wahrheit, die dein Bewusstsein „erleuchten" will. Je stärker du sie unterdrückst, desto intensiver wird das ungute Gefühl vor dem du flüchtest. Und es ist diese Angst, der du begegnen musst, wenn du das in dir befreien willst, was Wahrheit ist. Es ist das, was du bist, aber nicht sehen kannst.

Man hat dir beigebracht, dass die Wahrheit irgendwo da draußen liegt, bei einem Gott, der seinen Sohn geschickt hat, um dir zu helfen. Aber nichts ist im Außen - alles ist in dir. Die Bibel ist ein Märchenbuch und deshalb ist nichts darin wortwörtlich so zu verstehen, wie es dort geschrieben steht. Die Metaphern, Wunder, Prophetien, Gleichnisse und Zitate müssen übersetzt werden, damit sie gelebt werden können. Jede einzelne Aussage ist mit Vernunft (Logos) zu betrachten und das bedeutet nicht, dass du darüber nachdenken sollst, was daran stimmt oder nicht. Du sollst sie vielmehr „dem Geist übergeben", sie also im Bewusstsein wirken lassen und „erspüren" was damit gemeint sein kann. Es ist vergleichbar mit einem Koan, das ein Zen-Meister gewöhnlich seinem Schüler aufträgt. Dabei handelt es sich um eine Anekdote oder einen Satz, dessen Lösung der Schüler finden soll; dies jedoch nicht durch Denken, sondern rein intuitiv und wortlos. Wahrheit wird nicht „verstanden" oder „gesehen"; sie ist ausschließlich über inneres Gewahrsein, das abseits der Sinne liegt, *erlebbar*.

Wie ich schon erwähnte, schreibt die „Liebe zur Wahrheit" dieses Buch. Sie *ist* die Sehnsucht, die so stark ist, dass du gar nicht anders kannst, als ihr zu folgen. Sie ist universell und jenseits jeden religiösen Konzeptes. Möglicherweise bringt sie dich mit buddhistischem Gedankengut in Verbindung, das dich mit dem mitfühlenden Aspekt in dir vertraut macht. Oder sie führt dich durch Meditation in dein „Stilles Sein", wenn du dich ihr hingeben kannst. Vielleicht vertieft sie auch dein Interesse am christlichen Konzept damit du fühlen kannst, dass du es hinter dir lassen musst. Kein einziges spirituelles Konzept kann dich dort hin führen, wo die Wahrheit wohnt.

Kaum ein Menschlein weiß was die Bibel wirklich meint. Deshalb musst du „durch sie hindurch gehen“ und den mystischen Bereich betreten. Über all dem landest du dann vielleicht (wieder) bei der östlichen Weisheitslehre mit ihren Gurus oder der westlichen New-Age-Spiritualität, in der sich alles tummelt was sich befähigt sieht Satsangs abzuhalten und „Erleuchtungs-Bücher“ zu schreiben. Doch jeder einzelne zeichnet durch seine subjektive Auslegung sein „individuelles“ Bild von der Wahrheit, das deshalb nicht wirklich übertragbar sein kann. Das hört sich vielleicht kompliziert an und ja, es ist komplex und überdies paradox und deshalb eben in letzter Konsequenz mit Worten nicht erklärbar. Doch die Suche nach Wahrheit endet ganz natürlich wenn du in ihr wohnst.

Vielleicht mag Jesus für manche das Tor zum Paradies sein, doch er lebt nicht in der Kirche und er ist nicht Gottes einziger Sohn und auch nicht der alleinige Christus in dieser phänomenalen Welt. Was damit gemeint ist, wirst du in diesem Buch erfahren. Bereits die „Deutungen“ der nachfolgenden Begriffe können sehr aufschlussreich sein. Doch Wahrheit setzt eines voraus: du musst offen sein für das was du hier liest. Verurteile es nicht gleich beim Lesen und denke nicht über das Geschriebene nach, sondern lasse es einfach einmal ganz unbewertet in dir wirken. Du wirst es fühlen, wenn du auf Wahrheit triffst, weil sich etwas in dir zu weiten scheint und du spürst die Wahrheit gleichfalls, wenn sie Widerstand in dir hervorruft. Das ist nicht schlimm, im Gegenteil, denn Widerstand ist ganz natürlich wenn Wahrheit auf deine Konditionierung trifft. Er ist ein Zeichen dafür, dass hier ein Glaubenssatz wirkt, der dich in irgendeiner Weise einschränken will. Wahrheit kann das „Programm" sprengen, nach dem du robotergleich durchs Leben gehst. Sie kann dich frei machen von mentalen Grenzen, die dir dein Leben zur Hölle machen, weil sie dich einengen und fesseln. Willst du frei sein?

Begriffe 1

Die hier aufgeführten Begriffe 1 sind dir sicher aus deiner christlichen Konditionierung bekannt. Es handelt sich hierbei um ein Konzept das weder offen noch flexibel sein kann. Die folgenden Interpretationen machen den Versuch diese Prägung zu neutralisieren, damit du deine eigene Wahrheit finden kannst.

himmel | hölle

Laut christlicher Lehre entscheidet das Partikulargericht, das am Ende deines Erdenlebens deine guten und schlechten Taten aufrechnet darüber, ob du den Engeln im Himmel Gesellschaft leisten darfst oder mit den Sündern in der Hölle schmoren musst. Es ähnelt dem indischen Karma-Prinzip, das mit dem Gesetz von Ursache & Wirkung im Grunde auf das Gleiche hinaus läuft. Beides kann dein Leben massiv beeinflussen, wenn du daran glaubst. Es ist sicher nichts Schlechtes daran, wenn du dich eher auf „gute Taten" ausrichtest (wenn du das ehrlich meinst und dabei kongruent bist), doch wer gibt vor was richtig und falsch ist? Bist du das tatsächlich selbst oder handelt es sich dabei um eine äußere Autorität, der du dich unterworfen hast?

Himmel & Hölle sind keine Orte, sondern Zustände deines Geistes (Bewusstseins) und meinen „ Gut & Böse". Es sind Gegensatzpaare einer Werteskala, die Menschen-gemacht ist und mit der natürlichen Bipolarität dieser Welt nichts zu tun hat. „Himmel & Hölle" existieren für dich solange du „auf einer Software läufst", die auf „Gut & Böse" basiert. Sobald du eine gewisse Neutralität lebst, verschwinden „Gut & Böse", weil du ihnen ihre Basis entzogen hast. Wenn nicht verglichen, gemessen und verurteilt wird, darf alles geschehen wie es geschieht. Du lebst dann in vollständiger Annahme dessen was ist. Das bedeutet „im flow" zu sein und das Leben zu leben oder anders ausgedrückt „im Jetzt zu sein". Das ist dann „der Himmel auf Erden", der keine Hölle mehr braucht bzw. kennt.

paradies | sündenfall

Wer kennt ihn nicht, den Apfel vom Baum der Erkenntnis, dessen Verzehr die Ursache für die Verbannung Adams und Evas aus dem Garten Eden war. Wie die Bibel beschreibt, haben die beiden ersten Menschen hier im Paradies glücklich gelebt, bis die Schlange sie zum Genuss „der verbotenen Frucht" verführte und ihnen dadurch bewusst wurde, dass sie zwei verschiedene Menschen sind. Trennung vom paradiesischen Zustand der Einheit (Gott) fand statt.

Philosophen, Mystiker und spirituelle Sucher die nach „Erleuchtung" streben, kommen am Ende ihres Erkenntnisweges genau dort an, wo diese Trennung wieder aufgehoben wird, weil erkannt wird, dass sie niemals stattgefunden hat. Dabei handelt es sich um eine Wahrheit, die so viel Sprengstoff in sich trägt, dass sie lieber verschwiegen wurde und wird, weil die „mächtigen Wissenden" ihren Status schützen bzw. nicht verlieren wollen. Das tausende Jahre alte Reich der Religionen würde wahrscheinlich in sich zusammenfallen, wenn jeder sich gewahr wäre, dass „das Gesetz" allein nur in ihm selbst wohnt.

Was uns als Sündenfall beschrieben wird, ist in Wahrheit das was geschehen muss, damit das Menschlein erwachsen werden kann. Der paradiesische Zustand vor dem Erwachsenwerden ist der des noch unkonditionierten Kindes, das weder Messen und Verurteilen, noch Unterscheidung kennt. Das vorgestellte Paradies gleicht dem Bild des Himmels und ist dein natürliches Zuhause, aus dem du niemals vertrieben wurdest. Doch das Menschenleben ist ein Kreislauf, der dich scheinbar aus dem Paradies deiner Kindheit heraus durch die Welt von Licht & Schatten führen muss, die jedoch nur rein phänomenal oder treffender gesagt, mental ist. Alles was man dir als Kind beibringt, ist nicht wirklich wahr. Man programmiert dich auf „Gut & Böse" bzw. „Richtig & Falsch" und spaltet so die Welt. Die Konsequenz daraus ist Intoleranz, Feindschaft, Krieg und Ausgrenzung. Das ist die Hölle, in der du dein Leben verbringst, bis dein Tod dich erlöst; es sei denn, du erkennst schon zu Lebzeiten deine „Fehlprogrammierung" und wirst dir gewahr, dass du immer noch im Paradies (Neutralität) lebst, zu keiner Zeit irgendwo anders gelebt hast, niemals wirklich von ihm (Gott, Einheit) getrennt warst.

Du kannst jederzeit im Paradies leben, wenn du dir *bewusst* bist, dass dies Neutralität bedingt, weil Einheit in sich weder unterschiedlich sein, noch eine Wertung kennen kann. Das Universum trägt „Positiv & Negativ" bzw. „Plus & Minus" als Energieströmung in sich und ergibt u.a. Licht & Schatten oder Hell & Dunkel, Tag & Nacht, was vollkommen neutral in sich wirkt. Eine Wertung wird allein durch den Menschen geschaffen, was bedeutet, dass es das „Gut & Böse" oder „Richtig & Falsch" überhaupt nicht *wirklich real* gibt! Deshalb kann die Welt an sich weder schlecht noch gut sein – erst der Mensch macht sie dazu!

Der Vorgang des Bewusstwerdens findet sich übrigens im Gleichnis „des verlorenen Sohnes" wieder. Da verlässt der junge Mann sein gemütliches und sicheres Zuhause (Vater, Gott, Paradies), um sich in der Welt auszutoben und „Fehler" zu machen. Als ihm schließlich nichts mehr bleibt, weil er alles was er hatte verprasst hat, zieht es ihn reumütig zurück zum Vater. Er erkannte, dass das Sinn-hafte Leben der Objektbezogenheit nichts als Schall & Rauch ist, weil alles was darin kommt wieder vergeht. Das ist die Erkenntnis (Bewusstwerdung) des „erwachten" Menschen, der feststellt, dass alles was er in seinem Leben durch sein vermeintliches Ego erschaffen hat, keinen wirklichen Wert besitzt, weil es nichts Dauerhaftes ist. Das Ego schießt am Ziel vorbei, weil es nur das kennt, was die Sinne ihm zeigen. Das Paradies aber liegt „inwendig" in dir. Dort bist du Gott und da ist dein Zuhause. Hier ist die Quelle der Freude, die niemals versiegt.

Deiner inneren Wahrheit zu folgen macht äußere Gesetze unnötig. Das bedingt natürlich, dass du frei von Konditionierungen bist, die dir etwas vormachen, was nicht ist. Ein Mensch, der anderen Menschen mit Absicht schadet, kann nur fehl-konditioniert sein. So liegt es also an dir selbst, zurück in deinen paradiesischen Zustand zu finden, damit du „im kommenden Paradies in Frieden und Harmonie leben darfst ohne Schmerz und Leid und wo du dich an den Wundern der Natur so richtig erfreuen kannst" (aus Wikipedia).

Und das Paradies kommt nicht irgendwann, sondern konkret dann, wenn du offen und bereit dafür bist, dich von den Konditionierungen zu lösen, die dich davon trennen. Apfel und Schlange symbolisieren diese Bewusstwerdung, das Einsetzen von Bewusstsein, das den Menschen auf die Reise durch diese phänomenale Welt schickt, in der er bewusste Erfahrungen machen und Einsichten finden darf, bis er wieder zurückkehrt in die EINHEIT (Paradies), die er nie wirklich verlassen hat, weil er nur träumte. Weshalb das so ist, kannst du in deinem „Menschenkleid" niemals erfahren, womit sich die Frage nach dem „Warum" für alle Menschen-Zeit erübrigt.

vater | sohn | christus

Dass Gott als Vater von Jesus gilt und umgekehrt Jesus als sein Sohn, dürfte bekannt sein. Jedoch zu glauben, dass Jesus sein einziges Kind sei, wäre naiv, weil jedes Menschlein Gottes Sohn oder Tochter ist, auch du. Und das schließt auch alle anderen Lebensformen ein, die in dieser phänomenalen Welt leben. Es gibt dabei weder Unterschiede zu machen, noch in Grade einzuteilen. Alle sind wir das Gleiche im essentiellen Sein - lediglich unsere Formen sind verschieden, das ist alles. Der Vater ist der Schöpfer und gleichfalls der, der alles was ist selbst lebt, weil/was er aus sich selbst heraus erschafft. Der Vater ist also seine Kinder und im Umkehrschluss müsste es dann wohl so sein, dass die Kinder der Vater sind – oder nicht?

Als das was alles erschafft, ist der Vater reines Potential, das sich in seine Formen ergießt. Es ist die Quelle unerschöpflicher Kreativität, die niemals versiegt und sich unendlich verströmt, also ewig und grenzenlos ist. Alles was das Potential manifestiert entspringt der Vorstellung. Der gleiche Mechanismus wirkt in allen seinen „Geschöpfen". So bist auch du Schöpfer dessen, was deiner Vorstellung entspringt, denn du gestaltest dein Leben nach dem was sich dir zeigt und wonach du dich sehnst oder was du haben willst. Du bist Potential, das sich ins Leben verströmt und es ist an dir was du daraus gestaltest.

Das was dich von Jesus zu unterscheiden scheint, ist der Namens-Zusatz „Christus". Er bedeutet wörtlich „der Gesalbte", was wiederum der Bezeichnung „Messias" gleichgesetzt wird. Der Messias ist ein Gottesknecht, ein Heilsbringer, der den Willen Gottes endgültig verwirklichen und das „Reich der Gerechtigkeit und Freiheit" auf Erden schaffen soll (Bezeichnungen aus Wikipedia). Offensichtlich handelt es sich hier also um einen Status von etwas oder jemandem, der die Autorisierung besitzt, im Namen Gottes das „gemeine Volk" zu belehren. Ein unreflektierter Mensch ist sich seines Tuns nicht bewusst; er ist unbewusst und kindlich ignorant und gehört zu denen, die „nicht wissen was sie tun". Jesus möchte ihnen Bewusstheit bringen und sie damit verantwortlich für ihr Handeln machen, damit sie ihre Projektionen (Schuldzuweisungen) an andere zurücknehmen können. Es geht also um erwachsenes Handeln, das in Selbstverantwortung geschieht und aus der Opferrolle enthebt, das Leiden erschafft.

Ein Christus lebt im „erleuchteten" Bewusstsein das ohne Klage ist. Er nimmt an was geschieht, denn er weiß, dass *alles* allein Gottes Wille ist, also das „gesetzmäßige Wirken des Lebens" das die Dinge bewegt. Du kannst diesem Gesetz nicht entgegen wirken, auch wenn du noch so sehr davon überzeugt bist, einen komplett freien Willen zu haben. Doch in Wahrheit kannst du nur tun was du willst – aber was bestimmt dein Wollen? Ein Christus weiß darum, dass „das Reich der Gerechtigkeit und Freiheit" darin liegt, das zu leben, was das Leben dir bringt. Das ist das Paradies – und wenn du Widerstand übst, erschaffst du die Hölle.

heiliger geist

Nach Auslegung des jüdischen Tanach hat der Begriff „Geist" seinen Ursprung im Wort „ruach" das zunächst mit den Attributen „Wind, Hauch, Atem" verbunden wurde und sich irgendwie rein und frisch anfühlt und etwas von „Energie" und „Belebung" hat. In anderen Zusammenhängen bezeichnet „ruach" einen Geisteszustand, eine Haltung, Stimmung oder Einstellung. Dabei wird die „ruach" des Menschen in gewisser Weise auch als selbständiges Wesen, das sich ausbreiten und auf andere Menschen überspringen und eindringen kann, gesehen. Diese Vorstellung erinnert an das esoterische Bild eines Energiekörpers bzw. der menschlichen Aura. Im Zusammenhang mit „heilig" im Sinne von „Geist Gottes" („Atem des Herrn, Gottesatem") wird die wirkmächtige Gegenwart Gottes im Leben des Menschen bezeichnet (Fragmente aus Wikipedia). Es muss also etwas sein das zum Leben erweckt, im Leben wirkt und Leben ist.

Wenn du dich fragst wodurch du spürst, dass du lebst, dann ist das nicht durch deinen Körper, sondern durch deinen Geist. Dass du Hände und Füße bewegen kannst, hat noch nichts mit „echtem" Leben zu tun. *Erst wenn du dir dessen bewusst wirst, wenn du dir gewahr bist, dass* sie sich bewegen, wirst du „richtig" lebendig. Ohne Bewusstsein bist du tot. Ohne „bewusstes Sein" geschieht nichts. Selbst Sehen, Schmecken, Riechen, Hören und Fühlen ist Sinn-los und bleibt eine reine Funktion, wenn du all das nicht wahrnehmen kannst. Leben ist GEWAHRSEIN, das sich im Menschen als Bewusstsein ausdrückt. Ohne Bewusst-Sein gibt es kein Mensch-Sein oder anders ausgedrückt: du wirst erst zum lebendigen Menschen wenn Bewusstsein in dir wirkt. Sobald dich das Bewusstsein verlässt, bist du (lebendig) tot. Mag sein, dass deine Organe ihre Aufgabe fortsetzen könnten, aber das bewusste Leben endet unweigerlich. Frag jemanden, der schon einmal bewusstlos war; er wird dir mit Sicherheit bestätigen, dass da nichts mehr war, das ihm hätte zeigen können, dass er existiert. Bewusstsein ist also das was dir zugrunde liegt und dich er-leben lässt.

Das Leben ist eine Schule, in der es nicht um Wissen geht, sondern um Weisheit. Du erkundest die Welt, machst Erfahrungen und gewinnst Einsichten. Je mehr du in der Lage bist durch Geschehnisse zu „wachsen" und durch Konsequenzen zu „lernen", desto intensiver wird deine Wahrnehmung und umso „tiefer" dein Bewusstsein. Die Schule des Lebens hat ein Ziel: sie will dich (zurück) zur Wahrheit führen. Ohne von Bewusstseinsgraden oder -stufen sprechen zu wollen, ist es doch so, dass sich Bewusstsein immer weiter vertieft bzw. ausweitet. Man könnte es als Netz beschreiben, das sich fortwährend weiter vernetzt und dabei gleichzeitig immer sensibler und dadurch weiser wird. Dieses Netz, das nicht verortet werden kann, zeigt dir in einem immer größer werdenden Radius was tatsächlich geschieht. Dabei nimmst du feinste Schwingungen wahr und kannst Menschen oder Dinge fühlen, ohne dass du in direkter Verbindung zu ihnen stehen muss. Dem Bewusstsein liegt die höchste Intelligenz (Wahrheit) zugrunde, die jenseits aller Berechnungen liegt. Das ist der „Heilige Geist", der dir durch dein Bewusstsein Wahrheit zeigt, wenn du deine geistigen Schranken im Sinne von konditionierten Grenzen öffnest.

Ein Christus lebt im „Heiligen Geist". Sein Bewusstsein ist rein und klar. Nichts verstellt sein Sehen oder Spüren, weil er in der Wahrheit bzw. aus der Wahrheit (GEWAHRSEIN) heraus lebt. Bewusstsein kann transzendieren, über sich selbst hinauswachsen und sich als das erkennen, was es in Wahrheit ist. Ein solcher Christus-Mensch leuchtet, weil er rein ist und nichts anderes kann, als wahr zu sein.

begriffe 2

Es ist möglich, dass die Dinge, die hier im Teil 2 der Begriffe angesprochen werden, nicht so leicht zu verdauen sind, denn hier schaut nicht der Mensch innerhalb seiner Objekt-Welt, sondern der, der sich selbst beobachtet. Vielleicht lehnst du manche Aussagen auch kategorisch ab. Solltest du jedoch den leisen Hauch von „könnte-was-dran-sein" verspüren und neugierig sein, kannst du in meinen beiden Büchern „life-is-you" und „das unwahre ich" Detailinformationen dazu finden. Wenn du dich intensiv mit dem beschäftigst was den Verstand übersteigt, wirst du eine Welt kennenlernen, die deinen Horizont nicht nur erweitert.

EINSSEIN ist des Menschen Sehnsucht ... und es ist nicht unerreichbar – es ist schon immer da und wartet darauf, dass du dir dessen gewahr wirst.

Die Begriffe 2 hier an dieser Stelle zu erläutern, ist zwar in gewisser Weise vorgegriffen, kann aber die Decodierung der ausgewählten Zitate leichter verständlich machen.

phänomenon | noumenon

In unserem Sprachgebrauch kennen wir das Wort Phänomenon als „Phänomen“, das allgemein etwas „Erscheinendes“ oder eine „Ausnahmeerscheinung“ bedeutet. In der Erkenntnistheorie ist die Rede von einer *„mit den Sinnen wahrnehmbaren*, abgrenzbaren Einheit des Erlebens, beispielsweise ein Ereignis oder eine Naturerscheinung. Davon abweichend wird mitunter nicht das Wahrgenommene, sondern die konkrete Wahrnehmung selbst als Phänomen bezeichnet (zusammengefasst aus Wikipedia). Das bedeutet, dass das „Wahrgenommene“ das Objekt ist, also das was du über deine Sinne wahrnimmst, während mit der „konkreten Wahrnehmung“ der Vorgang des Wahrnehmens als solcher gemeint ist. Da das Wahrnehmen eines Objektes ein Subjekt das wahrnimmt mit einschließen muss, bedeutet das, dass das Wahrgenommene (Objekt), die Wahrnehmung als solche (Wirken) sowie der Wahrnehmende (Subjekt) EINS sind, zumindest aus der (noumenalen) Sicht desjenigen, der diesen Zusammenhang „sehen“ kann.

Ein Phänomen ist etwas, das wir mit dem Bewusstsein konstruieren und mit den Sinnen empfinden, also ein Ding sozusagen. Dieses in unserer Vorstellung konstruierte Etwas ist nur, weil wir es wahrnehmen bzw. würden wir es nicht wahrnehmen, wäre es nicht existent. So resümieren uniform die Weisen und Mystiker, die Philosophen und alle, die sich „auf der Suche nach der Wahrheit und Erleuchtung auf den Weg machen", dass die Welt in der wir leben nur phänomenal sein kann. Das bedeutet, dass alles was offenbar existiert, was wir also über unsere Sinne wahrnehmen und in unserer Vorstellung (Geist) konstruieren, einschließlich uns selbst, eine Erscheinung sein muss. Und da wir selbst erscheinen, muss es ein Subjekt geben, das unsere Erscheinung wahrnimmt – das Noumenon.

In der platonischen Philosophie wurde das noumenale Reich mit der dem philosophischen Verstand bewussten *Welt der Ideen* gleichgesetzt, im Gegensatz zum phänomenalen Reich, das als Welt der Sinneswirklichkeit begriffen wurde, die dem „ungebildeten Geist" bekannt ist. Während ein Großteil der modernen Philosophie eher skeptisch gegenüber der Möglichkeit einer Sinnes-unabhängigen Erkenntnis war, sagte Immanuel Kant, dass die noumenale Welt existieren kann, sie für den Menschen aber völlig unerkennbar ist. In seiner Philosophie ist das unerkennbare Noumenon oft mit dem „unerkennbaren Ding an sich" verbunden (zusammengefasst aus Wikipedia). Hier kommen wir der Sache näher, die in unserem Zusammenhang als Noumenon beschrieben werden will.

Die Bezeichnungen Phänomenon und Noumenon werden an dieser Stelle deshalb verdeutlicht, damit du sie als neutrale Begriffe für „deine Welt" und „Gott" verwenden kannst. Wenn du „über die Dinge hinaus blicken" willst, kannst du nicht Bezeichnungen verwenden, die du mit Bildern belegt hast. Wahrheit kann nicht „gesehen" werden solange konditionierte Vorstellungen sie verzerren. Deshalb auch der Hinweis, „sich kein Bild von Gott zu machen", weil es dich blockiert und auf die falsche Fährte setzt. Eine Vorstellung von etwas zu haben bedeutet voreingenommen zu sein, was Neutralität unmöglich macht.

Es wird dir nicht gefallen, dass nicht nur deine Welt phänomenal zu sein scheint, sondern auch du selbst in deinem Menschenkleid. Dies zu erkennen sprengt den Verstand, denn niemand kann erfassen, dass er eigentlich gar nicht existieren bzw. nichts wirklich selbst bewirken soll. Der „eingebildete" Mensch ist nichts weiter als der „Schatten" des Noumenon, auch wenn es so scheint, als hätte er die Welt (selbstherrlich) im Griff. Doch welche Welt eigentlich? Existiert sie wirklich? Wo ist sie, wenn du sie nicht wahrnimmst?

Als Kind bringt man dir bei, dass da irgendetwas über dir schwebt, das den Namen Gott trägt und dich und deine Taten beobachtet. Das ist eine infantile Vorstellung, die leider noch in vielen erwachsenen Köpfen als Realität gelebt wird und große Angst verbreiten kann. Gleichzeitig wird diese Autorität oft aktiv gesucht, weil du Dinge auf sie projizieren und Verantwortung an sie abschieben kannst, damit du es leichter hast. Aber die logische und unglaubliche Folgerung ist, dass wenn du der Schatten bist, du auch das Subjekt sein musst, das den Schatten wirft, da beide nicht voneinander getrennt sein können.

Diese „erleuchtende" Erkenntnis nicht nur intellektuell zu wissen, sondern mit allen Konsequenzen wahrhaftig zu *leben*, bedeutet (paradiesische) EINHEIT oder religiös gesprochen, die Einswerdung mit Gott ... der niemals wirklich eine Trennung vorausging.

Diese EINHEIT, die auch als „Non-Dualität" oder „Nicht-Zweiheit" in verneinter Form unter dem Sanskrit-Namen „Advaita" bei allen (spirituellen) Suchern (nach Selbsterkenntnis) bekannt ist, bildet das Ziel am Ende ihres Weges. In der indischen Philosophie steht Advaita für eine nicht-dualistische Sichtweise, die auch als Monismus bezeichnet wird. Das bedeutet, dass nur eine letzte Wirklichkeit, ein absolutes Prinzip anerkannt wird, an dem die gesamte Schöpfung und somit auch jedes menschliche Wesen Anteil hat. So gesehen gibt es keinen wesentlichen Unterschied zwischen Gott und Mensch - sie sind Wesens-identisch (zusammengefasst aus Wikipedia).

Alles ist dieses EINE, das keinen Namen hat und keinem Bild entspricht, weil es kein Objekt ist. Es ist unbekannt und kann niemals gewusst werden. Es ist DAS was übrig bleibt, wenn Subjekt und Objekt ineinander aufgehen, sich gegenseitig aufheben, sind und gleichzeitig nicht-sind. DAS was bleibt ist Nichts (Leerheit) im Sinne von Kein-Etwas, das weder sieht (Sinnenwelt), noch tut - es IST einfach nur.

In der Advaita-Szene fällt manchmal die Aussage, dass „nichts wirklich geschieht oder geschehen ist", was, je nachdem in welchem Kontext diese Aussage benutzt wird, teilweise den Anschein einer Weltflucht machen kann. Aus noumenaler Sicht bedeutet „nichts geschieht" zwar in der Tat, dass im Noumenalen nichts wirklich geschehen ist, doch im Phänomenalen sieht das anders aus, weil hier scheinbar etwas geschieht und sei es auch nur „traumhaft oder illusorisch" – für den Menschen jedoch erscheint es wirklich. Eine solche Aussage im verniedlichenden Sinne von „es-ist-doch-nichts-geschehen" als Freibrief oder Ablassschein zu benutzen kann verheerende Folgen haben. Es ist nun mal so, dass wir scheinbar als Menschen miteinander in dieser Welt leben (müssen, dürfen) und es macht grundsätzlich keinen Unterschied, ob wir unbewusst oder „erleuchtet" sind oder überhaupt nicht real existieren.

Solange du nicht noumenal *bist*, kannst du auch nicht im „noumenalen Paradigma" leben. Wärest du noumenal, würdest du als menschlicher Organismus weder der Überzeugung sein etwas „selbst" zu tun (eigen-willentlich zu agieren), noch würdest du auf deine Umwelt (konzeptionell) reagieren; du würdest einfach nur spontan (ohne darüber nachzudenken) das „nach außen bringen", was „von innen" aus dir heraus erscheint. Dabei würdest du wissen, dass dir nichts was in dieser Welt geschieht je *wirklich* etwas anhaben kann. Während das menschliche Bewusstsein in Raum & Zeit zuhause ist, bist du raus aus der Nummer, weil du DAS BIST das weder Raum noch Zeit kennt oder braucht. Du lebst dann Wahrheit, die außerhalb der Sinne liegt, immer *jetzt (direktes* GEWAHRSEIN*)*.

wu wei | kausalität

Alles was den Jesus-Mythos anbetrifft, lebt innerhalb des phänomenalen Bewusstseins und kann per se mit der Wahrheit nicht wirklich etwas zu tun haben. Es gäbe diese Zitate (Jesus) wahrscheinlich nicht, wäre die *konditionierte* Welt liebevoll und würde auf Mitgefühl basieren. Doch selbst wenn aus noumenaler Betrachtung heraus mit einer unliebsamen Welt alles in Ordnung wäre, weil es sie nicht wirklich gibt und deshalb quasi nichts geschieht, bedeutet das nicht, dass du aus phänomenaler Sicht heraus deine Hände in den Schoss legen sollst, wenn du leidest oder Leid siehst.

Das widerspricht oberflächlich betrachtet zwar dem daoistischen Prinzip des „wu-wei" (Nicht-Tun), doch „Nicht-Handeln" heißt nicht „gar-nix-tun", sondern es bedeutet das geschehen zu lassen was sich aus dir heraus zeigt und deiner (noumenalen) Sehnsucht entspringt. Insofern ist alles was spontan und ohne Absicht und Intention aus dir heraus geschieht „Nicht - (willentliches) Tun“ - also „wu-wei“.

Im Gegensatz dazu steht der scheinbare Eigenwille der sich vorsätzlich mit Intention und Zweck in die Geschicke einmischen will und damit oft im Widerstand zum natürlichen Verlauf der Dinge steht, was wiederum die Ursache für Krankheit und Leid ist. Das Thema „Eigenwille“ wird selbst unter „Insidern“ endlos kontrovers diskutiert und kann nur in der (eigenen) Wahrheit seine Lösung finden.

Wenn dir dieses Buch begegnet oder andere Dinge, dann deshalb, weil es die Folge einer natürlichen Kausalität ist. In der Welt der Phänomene hängt alles miteinander zusammen bzw. baut aufeinander auf. Es kann keine Handlung geben, die nicht ohne Konsequenzen bleibt bzw. keine Folgen mit sich bringt. Nichts ist hier ohne Ursache, die sich sofort oder irgendwann im Raum-Zeit-Gefühl in eine Wirkung ergibt (die wiederum zur Ursache wird). Alle Phänomene sind diesem Gesetz unterworfen, dessen Mechanismus schlussendlich ein Geheimnis bleibt. Nichts kann jemals gewusst werden.

decodierung

Die Menschheit lebt offensichtlich in einer Realität, die (auch wissenschaftlich) nicht bewiesen werden kann. Obwohl wir uns nur auf Vermutungen und Theorien stützen, tun wir tagtäglich so als ob alles wahr wäre. So „glauben" zumindest die Christen, dass es Jesus gab und dass er das gesagt hat was überliefert wurde. In allem was er dabei scheinbar zum Ausdruck brachte ist seine Liebe zur Wahrheit zu spüren und allein diese Tatsache macht dieses Buch (und viele andere) möglich. Weil das Gesagte wertvolle Hinweise auf die Wahrheit gibt, ist es letztendlich völlig gleichgültig, inwiefern er tatsächlich existiert hat oder nicht.

Die folgenden Zitate werden mit einem Gewahrsein betrachtet, das quasi in den Satz hinein blickt und versucht seine „intrinsische" Botschaft nach außen zu bringen. Man könnte auch sagen, dass die Aussagen „vertikal" geschaut oder in gewissem Sinne „beleuchtet" werden. Wenn du beim Lesen der Erläuterungen deinen Geist offen hältst gibst du dir damit die Möglichkeit die Wahrheit zu fühlen. Nur so kannst du dich über einen kindlichen Gott hinaus entwickeln und Jesus als das sehen was er wahrhaftig bedeutet.

Darum sorget nicht für den anderen Morgen, denn der morgende Tag wird für das Seine sorgen. Es ist genug, dass ein jeglicher Tag seine eigene Plage habe.

Es ist recht offensichtlich, dass das Zitat auf das Jetzt innerhalb der Raum-Zeit verweist. Es geht hier in erster Linie weniger um einen „Aufenthalt im Sein" als vielmehr um die gelebte Gegenwart. Der Verweis auf die Gegenwart ist jedoch auch gleichzeitig ein Hinweis auf den Zustand der Präsenz außerhalb des Zeitgeschehens, der sich automatisch einstellt, wenn du vollständig im gegenwärtigen Moment lebst, denn sie scheint den zeitlichen Ablauf (gefühlt) stillzulegen bzw. als nicht-seiend zu entlarven.

Was Jesus hier meint ist der Zustand ohne Sorge, der sich von allein einstellt, wenn du (gedanklich) im jetzigen Moment bleibst. Das bedeutet Vertrauen zu haben in das was geschieht - also ein stiller Verweis in das „Geschehen-Lassen" (wu-wei). „Alles sorgt für sich selbst" heißt, dass du nichts wirklich tun musst und es hat den Anschein, als würde jeder Tag „Häppchen-gerecht" für dich eingeteilt werden - jeder Tag bringt dir „die Plage“, die du an diesem Tag bewältigen kannst, das ist genug.

Mehr, also weiter im Vorhinein zu leben erschafft Sorge, weil du nicht weißt, was und wie es kommt. Du planst mit einer Zeit, die es nicht gibt, weil die Zukunft ein Hirngespinst ist bzw. alles, was einen späteren Zeitpunkt als den jetzigen anbetrifft, ist rein geistiger Natur, eine Vorstellung im Kopf, die auf Bildern und Gedanken basiert, die keinerlei Realität besitzen. So baust du dir manchmal in deiner Phantasie ein Schloss und verzweifelst daran, weil du es nie realisieren wirst oder du denkst dir die schlimmsten Folgen aus, die niemals eintreten und dich so unnötig belasten. Außerhalb der Gegenwart zu leben bedeutet, krass ausgedrückt, „geisteskrank“ zu sein, denn ein gesunder Geist lebt nur und ausschließlich im präsenten Moment der ewig *ist*. Wenn du dir die Geschichten psychischer Störungen anschaust (Ängste, Depressionen, Psychosen), dann wirst du feststellen, dass sie alle in irgendeiner Weise mit dem Faktor Zeit zu tun haben. Wenn du diesen wegnimmst, hat die Krankheit keine Basis mehr. Zeitlos zu leben bedeutet Nirwana, Paradies, der Himmel auf Erden.

Es gibt keine größere Liebe, als wenn einer sein Leben für seine Freunde hingibt.

Bedingungslose Liebe gibt es in dieser phänomenalen Welt nicht, weil sie durch ihren Gegensatz, den Hass, bedingt ist. Die Liebe die hier gemeint ist geht über jede Polarität und Dualität hinaus. Das heißt, dass es die Trennung zwischen dir und dem anderen nicht gibt, wenn erkannt wird, dass ihr beide das Gleiche seid. Jesus macht diese Gleichheit aller Dinge an anderer Stelle deutlich, wo er davon spricht, dass er überall zu finden ist, auch unter einem Stein. „Dein Leben hingeben" heißt nicht, dass du für den anderen sterben sollst. Du sollst lediglich deine Selbstsucht, die dich von ihm trennt, hinter dir lassen.

Solange du glaubst, eine getrennte (höherwertige) Ich-Person zu sein, wirst du egoistisch handeln. Jesus fordert dich auf, deine Egozentrik zu überschreiten. Dazu musst du nichts weiter tun, als den anderen als das zu sehen, was du selbst bist. Es gibt keinen Unterschied zwischen euch, keiner ist besser oder schlechter, keiner richtig oder falsch; und das bezieht jedes auch noch so kleine oder andersartige Wesen mit ein. Jede Form *ist* das EINE Leben und alles ist

„wertlos", weil es keinen Wert bzw. keine Wertung gibt – und so kann es auch keinen Selbstwert geben, für den du viel Geld ausgibst, um ihn vermeintlich zu erhöhen.

Wenn du in diesem Bewusstsein lebst, stellt sich automatisch und ohne gesonderte Bemühung das Mitgefühl ein. Es ist Liebe in ihrer Neutralität und Grenzenlosigkeit. Mitgefühl ist da, wenn du aufhörst den anderen zu bekämpfen und ihn als das siehst, was du selbst bist. Mitgefühl ist die reine Form von Liebe und geht über den Begriff der Empathie hinaus, die eher das Verständnis (Verstand) für den anderen meint. Mitgefühl heißt mit-fühlen, *im* anderen *sein* oder besser, *der* andere *sein*. Selbst das Konzept von Liebe ist dann überflüssig, wenn du absolut EINS *bist*.

Ich bin als ein Licht in die Welt gekommen, damit jeder, der an mich glaubt, nicht in der Finsternis bleibt.

Jesus definiert seine Aufgabe in dieser Welt sozusagen als „Lichtbringer" – er ist das Licht und er bringt es in Person denjenigen, die an ihn glauben. Es ist recht offensichtlich, dass der Begriff „Licht" als Synonym für Bewuss*theit* steht, also für einen Zustand „klaren" oder „reinen" Bewusstseins. Bewusstsein ist die Funktion, die den menschlichen Körper-Geist-Organismus steuert. Es ist das was wir in dieser Form sind – ob nun bewusst im Sinne von reflektiert (Selbsterkenntnis) oder unbewusst macht erstmal keinen Unterschied. Bewusstsein ist geistige Arbeit die zur Manifestation führt - egal in welchem Zustand.

Solange das Bewusstsein sich nicht selbst reflektiert, kann es nicht erkennen, dass es lediglich eine Funktion ist, die auf der Basis ihrer Software (Konditionierung) begrenzt, automatisch und reaktiv zu existieren scheint. Es sieht sich den Dingen die geschehen (Wirkungen auf seine eigene Ursache) ausgeliefert und macht die Außenwelt für Probleme verantwortlich. Es begreift sich als Opfer und kennt in dieser Rolle nur die Gedanken und Emotionen, die seine Konditionierung auswirft. Nur Licht im Sinne von Bewusstwerdung kann diesen Kreislauf des Leidens unterbrechen - denn was sollte ein scheinbar begrenztes und damit fehlerhaftes dualistisches Programm anderes erschaffen können als Leid? Das ist die Finsternis von der Jesus spricht, das Leben in der Hölle, in dem sich der

Unbewusste befindet, weil er die egozentrische Begrenzung seiner Konditionierung nicht durchschaut.

Als Opfer kann dir nichts Besseres geschehen, als auf ein Wesen zu treffen, das dich zur Reflektion anregt. Oft jedoch wird ein solcher „Lichtbringer" abgelehnt, weil die Wahrheit, die er bringt, unbequem und schmerzhaft sein kann. Dich mit dem „Schmutz" deiner eigenen Gedanken zu konfrontieren, kann unschön sein. Genauso werden Krisen und unliebsame Situationen gerne projiziert und verdrängt, was nur zur „dichteren Vernebelung" führt. Doch du willst den Schmerz umgehen und verpasst so das Geschenk einer Krise, die den Weg aus dem Leid immer in sich trägt. Bewusstseinsarbeit führt dann zu klarer Bewusstheit (Wahrheit), wenn du deine Selbstlügen durchschaut und erkannt hast, dass du nicht das bist, was du glaubst zu sein.

Ich bin das lebendige Brot, das aus dem Himmel herabgekommen ist. Wer von diesem Brot isst, wird in Ewigkeit leben. Das Brot, das ich geben werde, `ist mein Fleisch (ich gebe es hin) für das Leben der Welt.`

Jesus definiert sich als Nahrung und jeder, der von dieser Nahrung isst, wird in Ewigkeit leben. An anderer Stelle ist davon die Rede, dass Jesus die Wahrheit und das Licht sei. Alles meint im Grunde das Christus-Bewusstsein oder mit anderen Worten den „Heiligen Geist" aus dem die Wahrheit spricht. Sie ist in diesem Sinne als Nahrung für den Menschen beschrieben, weil er durch das „Aufnehmen" der Wahrheit in *der* Ewigkeit leben soll. Es bedeutet also nicht ewiglich zu leben, sondern es bedeutet im Jetzt zu leben - was zwar phänomenal betrachtet die zeitliche Gegenwart meint, jedoch auf die zeitlose Präsenz hinweist.

In der Ewigkeit zu leben heißt die Sinnenwelt „durchschaut" zu haben. Die Wahrheit zeigt dir, dass dieses Leben nicht das ist was es zu sein scheint. Sie ist zwar menschlich betrachtet deine Heimat, weil es keinen anderen Ort gibt, an dem du leben könntest, doch wirklich zuhause bist du im ewigen „DAS-Was-Gerade-IST". Es kennt keine Zeit und deshalb kein Streben. Es gibt dort kein Wollen und keine Wünsche nach irgendetwas, das anders sein soll, als es ist. Aus Jesus zu leben bedeutet aus dir heraus zu leben, aus der Wahrheit, die sich dir zeigt und dir den einzigen Weg weist, den es wahrhaftig gibt ... deinen.

Ich bin dazu geboren und in die Welt gekommen, dass ich die Wahrheit bezeugen soll. Wer aus der Wahrheit ist, der hört meine Stimme.

Das ist ein erneuter Verweis dahingehend, dass es in allem was Jesus anbetrifft um die Wahrheit geht. Jesus gilt zwar auch als Botschafter der Liebe, doch noch mehr ging es ihm immerzu um die Wahrheit, weil aus ihr alles hervorgeht, auch die Liebe. Was als Wahrheit bezeichnet wird, kann nicht wirklich beschrieben werden. Die Wahrheit, die Jesus meint, liegt „Allem-Was-Ist" zugrunde; sie ist das woraus alles entspringt und *ist*. Wahrheit (Gott) ist das ursächliche Prinzip, das Potential, das nur „echt" sein kann. Es ist in sich „rein", unverfälscht und klar. Das ist das was Wahrheit ist und sie hat nichts mit einem Gewissen zu tun, das dem „verfälschten" religiösen Konzept entspringt, das die Menschheit daraus gemacht hat.

Wenn du aus deiner Wahrheit lebst, kannst du niemals „falsch" handeln, weil dein Tun immer nur

„rein" sein kann. Modern oberflächlich ausgedrückt, geht es dabei gewissermaßen um Authentizität und Kongruenz. Wenn du (in) Wahrheit *bist*, kannst du Wahrheit hören im Sinne von erfassen, spüren, wahrnehmen. Da ist ein Wissen ohne zu wissen, weil Wahrheit alles übersteigt. Wenn du konditioniert „verblendet" bist, kannst du Wahrheit nur sehr, sehr leise erahnen, weil Unbewusstheit den Zugang zu ihr versperrt. Und dieser winzige Hauch kann nur wahrgenommen werden, wenn es still wird in deinem Geist und du deine Aufmerksamkeit alleine nur „nach innen" lenkst (Gewahrsein).

Ich bin der Weg und die Wahrheit und das Leben; niemand kommt zum Vater als durch mich.

Jesus lehrt den Weg der Erkenntnis, des Aufwachens aus dem Tiefschlaf konditionierter Existenz. Mit seinen Gleichnissen und Wundern weist er die Menschen auf die Wahrheit hin. „Der Gelähmte", „der Blinde", „der von Dämonen Besessene" sind alle Metaphern für menschliche Zustände, die wir heutzutage Krankheiten nennen. Jesus schaut hinter das Krankheitsbild und erkennt die jeweilige Ursache bzw. den

Geisteszustand, der sich in der Krankheit ausdrückt. Allein das Schauen in das Krankheitsbild hinein, das unverfälschte (ehrliche) Sehen ihrer Ursache, ist Heilung. Es ist immer wieder derselbe Verweis auf die Wahrheit, die hinter jeder Fassade des oberflächlichen Lebens darauf wartet, von dir entdeckt zu werden.

Der Mensch hat sich im Außen der Welt verirrt und in seinen Vorstellungen verloren, die allesamt illusorisch sind. Nichts von dem was du im Leben erschaffst hat mit Leben an sich zu tun. Es sind Dinge die kommen und gehen und weil sie vergehen, sind sie nicht „echt". Wahrhaftig ist das was du wirklich bist und das ist Leben in seiner „reinen" Form. In dir drin (so wird es gefühlt) schlummert reines GEWAHRSEIN, das dem zuschaut, was du tagtäglich tust. Es ist der Beobachter, der sich selbst beobachtet, der Vater, der seinem Sohn zuschaut, der er selbst ist. Das zu erkennen ist Wahrheit und es ist das was Leben *ist*. Du *hast* kein Leben, du *bist* es!

Wenn du das erkannt hast, bist du ein Christus, der gleichfalls Gott ist, weil es nur EINS gibt. Es geht also nicht darum, Menschen-gemachte Gebote und Verbote zu befolgen, sondern die Wahrheit in dir zum Vorschein kommen zu lassen, indem du ebendiese auf

Wahrheit überprüfst. Das ist das was Jesus lehrte: Nicht „in den äußeren Tempel gehen", sondern deinen „eigenen inneren Tempel in dir finden". Die Wahrheit ruft dich durch deine Sehnsucht. Sie ist das Licht, das aus deinem Tempel scheint. Deine Sehnsucht weist dir den Weg, dein Wollen bringt dich von ihm ab.

Ich bin die Auferstehung und das Leben. Wer an mich glaubt, wird leben, auch wenn er stirbt.

Mit seiner Auferstehung beweist Jesus, dass das Leben mit dem körperlichen Tod nicht endet, sondern sich „auf höherer Ebene" fortsetzt. Phänomenal betrachtet ist dies kein Trost, weil sich dein Körper unweigerlich auflösen wird. Dem kannst du aus Ego-Sicht nicht entgehen und weil du dich existentiell als Ego siehst hast du Angst. Aber wie geht es dir mit der Vorstellung nicht das Ego zu sein, sondern das was dein „menschliches Schicksal" in der Hand hält? Die Auferstehung verweist eindeutig auf Transzendenz. Das bedeutet die Überwindung des Menschseins, das Loslassen der Illusion und die „Gottes-Erkenntnis", die gleichzeitig Selbsterkenntnis ist. Wie solltest du als

Gott sterben können? Aber möglicherweise ist das dem eingebildeten, megalomanen Ego nicht genug!

Himmel und Erde werden vergehen, aber meine Worte werden nicht vergehen.

Jesus sollte Recht behalten. Sein Wirken hat in dieser Welt nicht nur Spuren hinterlassen, sondern ist quasi Kult. Seit über 2.000 Jahren prägt er wie kaum ein anderer (Prophet, Heilsbringer, Erleuchteter, Weiser) die Menschheitsgeschichte. Zwar gab es schon immer diverse Abspaltungen und Zweifler, aber Jesus ist im menschlichen Bewusstsein bis heute noch lebendig. Die kritischen Ergebnisse der Wissenschaft zwingen die Religionen mittlerweile zu mehr Offenheit, was zu einer moderneren Form des Glaubens führt.

Doch selbst die Forschung muss schlussendlich vor dem „Göttlichen Geheimnis" kapitulieren, weil nichts *wirklich Wahres* darüber vom Verstand gewusst werden kann. Du nimmst Jesus zwar Sinn-haft wahr, das Erfassen der Wahrheit jedoch findet in dem statt, was über die Sinne hinaus geht bzw. sie überhaupt möglich macht. Und dies kann nur geschehen, wenn die genormte Konditionierung deines Bewusstseins „porös“ wird und die verborgene Wahrheit „durchscheinen“ kann. Wenn du weiter unreflektiert dem äußeren Ritus folgst, verbleibst du im Infantilen. Deinen „eigenen Jesus“ in dir zu erkennen verlangt, dass du das was Jesus lehrte nicht nur oberflächlich in deinem Verstand nachvollziehst, sondern dass du über deine Sinne hinaus in deiner eigenen Tiefe eine Einsicht gewinnst, die dich selbst zum Christus macht.

Ich bin die Tür. Wenn jemand durch mich hinein geht, wird er gerettet werden und wird ein- und ausgehen und Weide finden.

Hier will Jesus als der Christus verstanden werden, als das Christus-Bewusstsein, das dir Tür und Tor öffnet. Unser „gewöhnliches“ Bewusstsein ist das, was wir sind; es ist eine Funktion innerhalb des zur Form gewordenen EINEN, die „Mensch“ genannt wird. Jesus steht als ebensolcher Mensch auf der gleichen Stufe und spricht seinen Menschheits-Genossen ins Gewissen. Sein Bemühen zielt darauf ab, die „einfältige“ Konditionierung zu lösen und den Menschen mehr „Durchblick“ zu bringen, also in gewisser Weise das

Bewusstsein zu klären, zu sensibilisieren, was in spirituellen Kreisen oft mit „erhöhen" oder „vertiefen" umschrieben wird. „Durch ihn hinein gehen" bedeutet durch dieses „geklärte" Christus-Bewusstsein zu verstehen, dass das Paradies auf Erden weilt und dass es dir jederzeit möglich ist auf der himmlischen Wiese zu grasen. Die Auferstehung weist auf diese Tatsache hin.

Das Christus-Bewusstsein zu „erschließen" bedeutet eben genau dies zu wissen: du bist selbst die Tür und das Paradies gehört dir, wenn du weißt, dass, was auch immer du ersehnst, nur durch dich allein in dein Leben gebracht werden kann. Ohne Bewusstheit bleibst du als Opfer einer vermeintlichen äußeren Willkür ausgesetzt. Nur erhöhtes Gewahrsein schenkt dir die Freiheit das aus dir wirken zu lassen, was in dir spricht.

Ich bin zum Gericht in diese Welt gekommen, damit die, welche nicht sehen, sehend werden und die, welche sehen, blind werden.

Diese Aussage klingt etwas paradox, weil sie auf zwei verschiedenen Ebenen basiert: auf der des Verstandes und des Noumenalen. Die, die mit ihren Sinnen wahrnehmen sind die, die zwar „sehen", deren Sicht aber „verstellt", also „nicht-wahr" ist. Die östliche Weisheit spricht hier von „Maya", dem Phänomen das die Wahrheit verschleiert. Indem du siehst, hörst, riechst, schmeckst und über deine Hände tastest, richtet sich deine Aufmerksamkeit auf Dinge. Dabei handelt es sich um Materie die du bewertest. Durch den Wert den du den Dingen gibst entsteht Gier und weil du das was du besitzt nicht verlieren willst (weil es dich bestätigt), hältst du daran fest und wirst abhängig, was die Angst vor Verlust nach sich zieht. Das ist der teuflische Kreislauf in der phänomenalen Welt, der allein durch das Verlangen entsteht, das die Sinne (unbewusst) hervorrufen. Gier ist das „Haben-Wollen" das dich fest im Griff hat und die einzige Ursache von Stress ergo Krankheit ist. Es ist leicht zu erkennen, dass diese Form von Sehen blind macht (Unbewusstheit). Jetzt kann man schlussfolgern, dass die, „welche nicht sehend sind" diejenigen sind, die vom Glanz der Dinge nicht beeindruckt werden. Wenn du der Gier nicht (mehr) anheim fällst, dann hast du verstanden, siehst also „richtig", weil du bereits „blind" (für die Dinge) bist.

Jesus will das Sehen an sich von außen nach innen lenken, was bedeutet, dass die, die sehen, auch die sind, die nicht sehen und umgekehrt. Es klingt kompliziert, ist aber ganz einfach: Es gibt nur ein „wahres" Sehen, DAS Sehen, das nicht durch die Sinne geschieht und damit keine Art von „Wollen" zulässt. Das Sehen aus deiner „inneren Wahrheit" ist reines GEWAHRSEIN, das die Welt erfasst, sie aber nicht „besitzen" will. Es kennt weder Absicht noch Zweck oder Wollen. Das bedeutet Freiheit, die auf Unendlichkeit hinweist. Abseits der Sinne bist du das was alles übertrifft was du je besitzen könntest.

`Mir ist gegeben alle Gewalt im Himmel und auf Erden.`

Das Gesetz der Wahrheit ist allumfassend. Die Wahrheit ist weder korrumpierbar, noch beeinflussbar. Das was wahr ist, ist unwiderruflich und unumstößlich und deckt alles Unwahre auf. Die Welt nimmt ihren Verlauf ausschließlich nach den ausgleichenden Gesetzmäßigkeiten der Wahrheit. Da gibt es weder Ausnahmen, noch Abweichungen. Die Wahrheit ist rein und klar und für jeden ersichtlich, dessen Blick nicht durch Unwissenheit (Unbewusstheit) getrübt ist. Solange du blind bist (nach Sinnen und Verstand lebst), kannst du nicht wahr sein und Leid beherrscht dein Leben, weil du die Gesetzmäßigkeiten nicht verstehst. Sobald du wahr wirst und (über die Sinne hinaus) sehen kannst, herrscht Frieden in dir.

Ich bin gekommen, dass sie das Leben und volle Genüge haben sollen.

Wahrheit befreit von den Fesseln des Unwahren. Das Fatale ist, dass alles in dieser Welt unwahr ist, weil tatsächlich überhaupt nichts *wirklich* gewusst wird. Alles was du siehst und was man dir beibringt sind Bezeichnungen und Begriffe für etwas das weder Bezeichnung noch Begriffe kennt. Sobald du „Leben" einen Namen gibst, wird es plakativ und leblos. Stelle dir vor, du würdest zum allerersten Mal in deinem Leben durch einen Wald gehen - du kennst weder Bäume, noch Wege, noch Vogelgezwitscher. Fühle dich einmal still in diese Vorstellung hinein, ohne zu kommentieren, so als hätte nichts davon einen Namen. Du wirst schnell merken, dass das eine bisher ungewohnte Tiefe hervorruft. Ist es nicht ein Wunder, einfach nur *wahrzunehmen* wie sich der Baum fest in der Erde verwurzelt, während seine Blätter mit dem Wind spielen? Duftet es nicht frisch und sind die Geräusche nicht eigentümlich? Wie heiter klingt das Gezwitscher, was mag es bedeuten? Fühlt es sich nicht so an, als hättest du einen Raum betreten, der dich in eine Realität führt, die dich EINS mit allem zu machen scheint? Das Schauen ist dabei direkt und kommentarlos, weil du den Dingen keinen Namen gibst. Wenn du dich ganz intensiv und vorbehaltlos darauf einlässt, wirst du erfahren, wie sich das „Leben voll Genüge" anfühlt. Du kannst diese Vorstellung auch in einer Meditation wirken lassen. Dabei kann es geschehen, dass du die Dinge nicht nur intensiv wahrnimmst, sondern dass du der Baum, die Erde, die Vögel *bist*.

Noumenal im Phänomenalen zu leben bedeutet alles als das EINE zu erfahren. Wenn du alle Bezeichnungen weg lässt, *ist* einfach alles nur das was es ist: Leben, das keine Unterschiede kennt. Es ist Bewusstsein, das sich in verschiedenen Formen ausdrückt und jede einzelne Form darf sein wie sie ist. Deine Vorurteile verengen deine Wahrnehmung und machen sie unwahr. Jede Egozentrik schafft Werte, die nicht wirklich existieren. Alles ist Sinn-los und alles ist Wert-los - das ist die Leere, die gleichzeitig Fülle ist.

Liebet eure Feinde, denn wenn ihr nur eure Freunde liebt, was für einen Lohn erwartet ihr dafür?

Deine Freunde spiegeln dir das wider, was dir an dir selbst gefällt. Sie sind also deine liebenswerten Projektionen. Das zu lieben was dich positiv bestätigt ist leicht und ist bereits Belohnung an sich. Weil sie das Gute in dir bestärken wirken sie wie Engel auf dich. Doch da gibt es auch die Menschen die dir *deine* Kehrseite zeigen. Das sind die „Arsch-Engel" die mit deinem Schatten in Resonanz gehen. In deinem Unterbewusstsein fristen nämlich alle deine „negativen" Wesensarten ihr Schattendasein. Weil du sie vor dir selbst nicht zugeben kannst und ablehnst, projizierst du sie auf andere. Anstatt dich mit deiner eigenen Kehrseite zu befassen, diffamierst und bekämpfst du deine Projektionen in der Außenwelt. Diese Menschen tun aber im Grunde nichts anderes als dir dein eigenes Gesicht zu zeigen - deshalb sind sie da.

Arsch-Engel werden solange in dein Leben treten, bis du ihren Sinn erkennst. Sobald du ihre Botschaft verstanden hast und beginnst deinen Zeigefinger auf dich selbst zu richten, verschwinden diese Menschen aus deinem Leben. Das ist dann der Moment, in dem du diesen Satz verstehen wirst, weil du dann weißt, dass sie dir mehr geholfen haben, als jeder deiner Lieblings-Engel dies je könnte.

Der Größte unter euch soll euer Diener sein.

Es kann nur einen „Größten" geben, wenn er sich selbst erhöht hat oder erhöht wurde. In unserer Welt des „Vergleichens & Wertens" sind viele Große und Kleine zu finden und diese Spaltung schafft Unfrieden und Unglück. Das bedeutet nicht, dass der eine nicht mehr haben darf als der andere, doch er kann nicht mehr *sein*, egal wie viel er besitzen mag und er kann nicht weniger *sein*, auch wenn er nichts hat. Was wir alle sind, ist das EINE, das keine Unterschiede kennt. Wenn der Größte dienen soll, dann will auf diese Tatsache hingewiesen werden. Solange Wertung existiert, wird Trennung gelebt.

Vermutlich will der Satz auch auf „Demut" verweisen und automatisch kommt einem das Zitat vom „Hochmut & Fall" in den Sinn. Wie sollte ein Hochmütiger ins Paradies entschweben können, wenn er sich illusionär gesehen bereits in ihm befindet? Der „Größte" kann nur im phänomenalen Paradigma existieren, weil es ihn im Noumenalen nicht geben kann. Das Größenargument zu verlassen bedeutet demütig zu werden und Demut verlangt nicht, sich klein und schuldig zu machen, denn auch das wäre ja wieder eine Wertung. Das EINE erfassen zu können braucht Demut im Sinne von „Wertlosigkeit". Manchmal ist dazu eine Krise notwendig, weil sie die „Selbstwertlüge" durchschaut und zur „Erdung" führt. Dann kann eine Dankbarkeit entstehen, die nicht von dieser Welt ist und die dich freiwillig zum Diener macht.

Es ist auch gut möglich, dass sich Jesus damit selbst meinte: Als von außen gemachter Größter (Messias, Heilsbringer, Prophet) war er der Diener der Menschheit, der diese Größe wohl weder gebraucht, noch gewollt hätte, wenn er rein selbstlos (wertlos) war.

Wenn ihr in meinem Wort bleibt, so seid ihr wahrhaftig meine Jünger und ihr werdet die Wahrheit erkennen und die Wahrheit wird euch frei machen.

Jesus macht mit dieser Aussage klar, dass sie nur dann „der Wahrheit folgende" Jünger sein können, wenn sie selbige (seine Worte) leben und nicht von ihr abweichen. Wahrhaftigkeit kennt weder Manipulation, noch Zwang und kann nur vollständig gelebt werden. Sich ihr freiwillig hinzugeben verweist auf das Freisein, das darauf folgt. Jesus macht also die „inwendige" Bedingung klar, die einzig zur Wahrheit selbst führen kann bzw. Wahrheit ist: Wenn du dich „ganz" lebst, vollständig und in dir kongruent, dann bist du wahrhaftig und das bedeutet Freiheit.

Jeder, der um meinetwillen und um des Evangeliums willen Haus oder Brüder, Schwestern, Mutter, Vater, Kinder oder Äcker verlassen hat, wird das Hundertfache dafür empfangen: Jetzt in dieser Zeit wird er Häuser, Brüder, Schwestern, Mütter, Kinder und Äcker erhalten, wenn auch unter Verfolgungen und in der kommenden Welt das ewige Leben.

Diese Aussage weist auf den Verzicht hin, dem der ihm Folgende unweigerlich ausgesetzt ist. Da gibt es weder Verfälschung, noch Verniedlichung: Der Wahrheit zu folgen verlangt viel Mut und Vertrauen und trägt den Verzicht auf das Gewohnte in sich. Es ist eines der schwersten Dinge für den Menschen, seine Komfortzone zu verlassen, die ihm eine, wenn auch illusionäre, Sicherheit verspricht. Hinzu kommt, dass soziale, gesellschaftliche und familiäre Zwänge nicht zu unterschätzen sind und eine Individualisierung im Sinne von Wahrheitssuche verhindern wollen. Sich diesen Einflüssen zu entziehen und dem „Alten" konsequent den Rücken zu kehren, braucht eine feste innere Gewissheit. Wenn du eine starke Sehnsucht in dir verspürst, dann wird dich diese Energie tragen, auch wenn dieses Sehnen noch diffus und unklar erscheint. Wahrheit offenbart sich nicht immer abrupt und offensichtlich, sondern oftmals leise und ahnend.

Dich mutig gegen das Gewohnte zu stellen, kann dein Umfeld brüskieren und im schlimmsten Fall zum „Feind" machen, wenn bisher Vereinnahmung, Besitzanspruch, Angst und Abhängigkeit gelebt wurden. Doch je vehementer man sich dir in den Weg stellt, desto mehr Kraft und Zuversicht kann in dir entstehen, weil die Enge, in der du bisher gelebt hast, immer spürbarer für dich wird. Je mehr du die Machenschaften deines Umfeldes (und deine eigenen) durchschaust, desto leichteren Herzens kannst du aus ihm heraustreten. Ob die Türen hinter dir offen bleiben oder geschlossen werden, ist im Moment des Hinausgehens nicht entscheidend, weil zu diesem Zeitpunkt bereits nichts mehr „eigenwillig" entschieden wird. Doch Jesus gibt einen Ausblick, der deinen Mut untermauert: Er verspricht, dass du „Hundertfaches" zurück erhältst, wenn auch unter „Verfolgungen", was auf die Anfeindungen und den Widerstand, den man deiner Wahrhaftigkeit entgegensetzen könnte, hinweist. Doch all das kann dich nicht davon abhalten, dein wahres Zuhause zu finden: Es ist das Noumenale, das ewig ist und dem es egal ist wo du lebst, weil es „hundertfach" ist.

Ein Prophet gilt nirgends weniger als in seinem Vaterland und bei seinen Verwandten und in seinem Hause.

Wenn dir jemand aus deiner Familie von der Wahrheit erzählen wollte, würdest du wohl eher lachend ablehnen. Warum sollte gerade dein Bruder oder deine Schwester mehr wissen als du? Wenn du keine Ahnung hast, weil du deinen Glauben nie hinterfragt hast, ist das für dich natürlich nicht nur ein Ding der Unmöglichkeit, sondern wahrscheinlich in erster Linie eine Lüge, eine Unverschämtheit, Blasphemie oder Häresie. Wie kann es jemand wagen, sich Jesus gleichzustellen? Was für eine größenwahnsinnige Vorstellung, die vermutlich mit Ablehnung, Anfeindung und Verfolgung geahndet werden muss. Und, was glaubst du, wäre deine Reaktion gewesen, wenn Jesus selbst sich dir damals als Gottes Sohn vorgestellt hätte? Hättest du ihm sofort geglaubt und ihn mit offenen Armen empfangen?

Solange dich religiöse Konzepte verblenden und deine Konditionierung alles ablehnt und angreift was nicht dem gewohnten Bild entspricht, wirst du Jesus in deinem Bruder oder deiner Schwester niemals erkennen können und deshalb auch nicht in dir selbst. Jesus als Sohn Gottes anzunehmen heißt dich selbst als Kind Gottes anzunehmen. Bevor du also deinen Bruder oder deine Schwester (oder andere Personen außerhalb der Familie) angreifst, weil sie dir eine Wahrheit näher bringen wollen, die du nicht kennst, fühle in dich hinein und lasse die Frage zu, ob etwas daran was sie dir erzählen, wahr sein könnte. Und wenn du dabei versuchst so offen wie möglich zu sein, dann wird die Wahrheit in dir auf Resonanz stoßen. „Ich bin in diese Welt gekommen, damit sich an mir die Geister scheiden", sprach Jesus. Frieden bedingt manchmal Unfrieden, damit Wahrheit erkannt werden kann und sie hat es am schwersten dort wo Unwissenheit (Unbewusstheit, Ignoranz) herrscht.

Ihr sollt euch nicht Lehrer nennen lassen, denn einer ist euer Lehrer: Christus.

Überall auf der Welt findest du selbst ernannte Meister, Lehrer und Gurus. Wenn du ungewöhnliche spirituelle Einsichten machen darfst, kann sich ganz schnell das Gefühl einstellen etwas Besonderes zu sein und wenn du dich dem nicht entziehen kannst, landest du über kurz oder lang wieder im Netz der Spinne. Grundsätzlich kann ein Lehrer nur ein Lehrer sein, wenn er Schüler hat, was sagen will, dass es nicht nur Menschen gibt, die eine gewisse Autorität ausstrahlen oder Aura besitzen, sondern auch Menschen, die sich von ihr anziehen lassen. Es ist nichts dagegen einzuwenden, wenn du dir jemanden suchst, der dich auf deinem Weg voranbringen kann. Doch du musst wissen, dass sich auch in jeder spirituellen Figur ein ausgeprägter Ego-Charakter verstecken kann. Die Gefahr der Abhängigkeit ist ebenfalls gegeben, wenn du zur ausgeprägten Such(t)e neigst und deinen Guru vergötterst. Der Unterschied zwischen euch beiden liegt, vereinfacht ausgedrückt, in Bewusstheit und Unbewusstheit: Der Lehrer (wenn er tatsächlich erwacht ist) weiß wer er *wirklich* ist, du weißt es nicht. Doch du kannst es herausfinden, wenn du willst.

Allem voran will Jesus wahrscheinlich damit sagen, dass es nicht darauf ankommt einen Status zu erreichen und diesen kundzutun. Seine Aussage lässt eher auf Verleugnung bzw. Verneinung eines solchen schließen; wobei das im Grunde automatisch geschieht sobald du erkannt hast wer du bist. Schlussendlich braucht niemand einen Lehrer, weil das einzige, das dich zu dir selbst führen kann, dein eigenes Christus-Bewusstsein ist (was du bist). Es gibt da draußen niemanden der dir *wirklich* helfen kann und deshalb kannst du nur dein eigener Scout sein.

Wahrlich, wahrlich ich sage euch: Wer mein Wort hört und glaubt dem der mich gesandt hat, der hat das ewige Leben und kommt nicht in das Gericht, sondern er ist vom Tode zum Leben hindurchgedrungen.

Dieses Zitat weist deutlich auf eine Transzendenz hin, die das Phänomenale übersteigt. An Gott zu glauben bedeutet der Wahrheit zu glauben, die sich in dir bewegt und in Jesus verkörpert wird. Jesus spiegelt dir also in Person die Wahrheit, die du bist, aber (noch) nicht kennst. Solange du nicht weißt, dass du Wahrheit (Gott) bist, solange bist du unbewusst und gehörst zu den Menschen, die „nicht wissen was sie tun". Dann lebst du einen Automatismus, der schlafwandelnd und träumend durch eine Welt marschiert, die du nicht wirklich wahrnimmst. Du bist lebendig tot und „läufst" nach deinen Konditionierungen, wenn du sie nicht hinterfragst. Nur das Äußere einer Sache zu betrachten, bedeutet eine „tote" Welt zu sehen; schaust du in die Dinge hinein, erweckst du sie zum Leben und dich ebenfalls.

Wenn du Wahrheit lebst, findet keine Aufrechnung mehr statt. Weder das „Jüngste Gericht", noch „Karma" können dir etwas anhaben, weil diese Mechanismen nur innerhalb der bipolaren Welt greifen. Was auch immer du tust, wird dort in seinen natürlichen Ausgleich gebracht. Doch wenn das „Schattenboxen" aufhört, kann Wahrheit (Gott) zu leben beginnen. Es ist das Noumenale, das reines GEWAHRSEIN ist.

Ich bin der Weinstock, ihr seid die Reben. Wer in mir bleibt und ich in ihm, der bringt viel Frucht; denn getrennt von mir könnt ihr nichts tun.

Auf den ersten Blick mag man darin den Aufruf zur „Erdung" verstehen oder den Hinweis auf Vertrauen - doch beides wären Aspekte die sich nur auf das Oberflächliche beziehen. Tiefer gegraben wird offenbar, dass es die Rebe ohne Weinstock überhaupt nicht gäbe. Es ist nicht die Rebe, die sich selbst wachsen lässt, sondern der Weinstock tut dies. Es ist ein klarer Verweis darauf, dass du Mensch keine autonome Existenz hast und nur in Verbindung mit dem Weinstock (Wahrheit) „viel Frucht bringen" kannst. Die Rebe mag sich *durch* den Weinstock entfalten können, doch sie kann nur eine Rebe sein und nichts anderes, weil dies ihr „Programm" ist. Sie kann also nur wollen, was ihr der Weinstock liefert und *in Verbindung mit ihm* das Beste daraus machen. Die Rebe ist ein Produkt (Objekt) des Weinstocks und es gäbe sie nicht, würde der Weinstock fehlen. In diesem Sinne ist sie EINS mit dem Weinstock.

Derjenige, der glaubt, er wäre ein von allem getrenntes Wesen, hat sich in eine rein illusorische Vorstellung verrannt. Man nennt diese Vorstellung „Ego". Solange du also glaubst, als getrennte, einzelne Rebe alles selbst in der Hand zu haben, bist du unwahr. Und alles Unwahre ist nicht *wirklich*, weil Fiktion.

Niemand kann zwei Herren dienen, denn entweder wird er den einen hassen und den anderen lieben oder er wird einem anhangen und den andern verachten. Ihr könnt nicht Gott dienen und dem Reichtum.

Diese Aussage fasst den Konflikt zusammen, dem sich vor allem der Mensch ausgesetzt sieht, dessen Ziel die „Erleuchtung" ist, verlangt sie doch (nach häufiger Auslegung) das Aufgeben des Egos und damit den Verzicht auf Eigenwillen. Oder mit anderen Worten: Wenn du das Noumenale (in dir) entdecken willst, musst du die phänomenale Welt der Sinne verlassen und alles was du *hast* und wonach deine Sinne gelüsten zurücklassen. Nicht umsonst kehren Mönche und Nonnen den weltlichen Dingen den Rücken und leben in einfachsten Verhältnissen ohne viel Hab und Gut. So mancher spirituelle Sucher setzt sich Askese, Eremitentum und Enthaltsamkeit aus, wenn sein religiöses Konzept den Verzicht zur Einswerdung voraussetzt.

In der Tat gibt es Menschen, denen der Verzicht abverlangt werden „muss", weil sie auf extreme Weise der Sinnenwelt verfallen sind. Dahinter stehen Suchtprogramme, Abhängigkeiten und Maßlosigkeiten, die einem kranken Geist entspringen und nur durch den Verzicht durchschaut werden können, weil er die Wahrheit offenbart. Bist du wirklich bereit Opfer zu bringen, um „im Reich Gottes aufgehen zu können"? Die Frage mutet veraltet an, doch jeder ernsthaft nach Erleuchtung Strebende kann dir von seinem inneren Kampf erzählen, dem er auf seinem Weg unweigerlich ausgesetzt ist. Da ist nämlich das vermeintliche Ego, das seine Macht nicht verlieren will. Es will seine Besitztümer behalten, seine Gewohnheiten, sein Geld und seine Sinnesgelüste. Es wäre aber auch gerne heilig, damit endlich jeder sehen kann, dass es etwas Besonderes ist. Und so findet das Ego ein Schlupfloch, während der Sucher mit der Aussicht auf „etwas Besseres" scheinbar verzichtet. So verläuft oftmals die Geschichte von der Erleuchtung, die von einem Ego-Status in den nächsten führt, ein teuflischer Kreislauf des Wollens & Werdens – und dabei spielt es keine Rolle, ob das Ganze illusionär ist oder nicht. Auch der noch so scheinbar „Heilige Spiritus" lehnt sich an Konzepte und erst wenn er über diese hinaus ist, kann er dort ankommen, wo er schon immer war.

Die Aussage von Jesus kann also auf die falsche Fährte locken, wenn sie nicht in ihrem tieferen Sinn verstanden wird. Der Hinweis gilt den beiden Welten phänomenal & noumenal. Du kannst nicht *unbewusst* in dieser phänomenalen Welt leben und *unreflektiert* weiter dein Unwesen treiben und *gleichzeitig* in ihr noumenal bewusst sein. Beides passt nicht zusammen und ist nicht lebbar, weil es sich gegenseitig ausschließt. Es würde eine multiple Persönlichkeit hervorbringen, die zwei völlig verschiedene Wesenheiten in sich trägt, die in diametrale Richtungen streben. Das Leid dieses quasi doppelt gespaltenen Geistes wäre sicherlich immens.

Was wirklich passiert, wenn du das Phänomenale durchschaust, ist das Erkennen, dass das Ego nicht nur nicht getrennt von Gott ist, sondern dass das Ego überhaupt nicht wirklich existiert, weil es „nur" Gott gibt, das Noumenon, das alle Objekte aus sich heraus erschafft und gleichfalls wahrnimmt. Ob es sich dabei lediglich um Erscheinungen handelt, ist im Grunde nicht wirklich wichtig und kann überdies auch nicht gewusst werden.

Du kannst, in welcher Form auch immer, nirgendwo anders leben, als in dieser phänomenalen Welt; es gibt für dich nur diesen Lebensraum. Das mag nach Bewusstwerdung (Einsicht) dieser Wahrheit (Erleuchtung, die „niemand" erlebt) ein Schlag ins Gesicht sein, weil du dir erhofftest in einem Paradies zu landen das „nicht von dieser Welt ist". Doch es gibt keinen anderen Platz und das Paradies *ist* diese Welt. Das einzige, was dir „das Paradies auf Erden bringen kann", ist deine noumenale Einstellung oder deutlicher ausgedrückt, die Wahrnehmung des Noumenons, das du bist. Wenn du also „Gott dienen willst", dann dadurch, dass du selbst als Gott „siehst" und aus dieser noumenalen Sicht heraus lebst. Du bist dann in dieser Welt, spielst aber nicht mehr mit.

Jedes Reich, das in sich gespalten ist, geht zugrunde.

Die Metapher vom Weinstock und der Rebe findet hier ihre Fortsetzung. Die Spaltung bezieht sich auf das unwahre Ego (Rebe) und das Wahre (Weinstock), dem es entstammt bzw. dessen Schöpfung es ist. Das natürliche Reich ist der Zustand der Einheit, des Einsseins, der Nicht-Zweiheit. Es gibt nichts, das außerhalb des EINEN existieren könnte, weil Existenz bzw. Leben per se nur dieses EINE ist. Wahres und Unwahres ist demnach EINS, das sich als Zwei (Dualität) wahrnimmt (manifestiert hat). Solange du dich als getrennt von Gott (Noumenon, Potential, Quelle, Ursprung, Leere, Nichts etc.) siehst, bist du gespalten und lebst in einer Welt, die dir diese Spaltung als Gegensatzpaare im illusorischen Äußeren spiegelt und zum Ausdruck bringt. Hier siehst du dich dem Guten & Bösen, dem Richtigen & Falschen ausgeliefert. Als „Ich & der Andere" bist du ständig am Messen und Bewerten. Dein Modus ist Widerstand, der dich auf Dauer krank macht. Spaltung erschafft Leid, Missverständnisse, Intoleranzen und Anfeindungen, weil du das Andere als dir nicht zugehörig ablehnst.

Solange du nicht erkennst, dass ALLES was du siehst nicht von dir verschieden ist, bist du am Kämpfen. Frieden lebt dort wo Annahme herrscht und sie kommt von ganz allein bzw. wird überflüssig, wenn das Bewusstsein die EINHEIT allen Seins erkennt. Das Paradies ist da, wenn du die innere Trennung aufhebst und EINS bist - und es war übrigens niemals nicht-da.

Ich bin gekommen, um Feuer auf die Erde zu werfen. Wie froh wäre ich, es würde schon brennen. Meint ihr, ich sei gekommen, um Frieden auf die Erde zu bringen? Nein, ich sage euch, nicht Frieden, sondern Spaltung.

Diese deutlichen Worte vermitteln den Eindruck, als habe Jesus genug von schönen Reden, weil er erkannt hat, dass sie schlussendlich wirkungslos sind. Wenn du im Tiefschlaf bist nützt es wenig, dich sanft und leise zum Aufwachen zu bewegen; um aus tiefstem Schlaf zu erwachen, muss ein Ruck durch dich gehen, der dich unweigerlich in die Wachheit bringt. Nichts anderes tut Jesus hier. „Ein bisschen wach werden" ist nicht genug. Wenn du ins Paradies willst musst du hellwach und klar sein. Um „eine neue Erde zu schaffen" muss die alte verbrennen. Das ist einfach zu verstehen und doch hält jeder an seinem alten Glauben fest. Um ins „gelobte Land" zu kommen musst du jedoch deine Komfortzone verlassen.

Bevor du in Frieden sein kannst, gilt es zu erkennen, dass du in Unfrieden bist. Und um das sehen zu können, muss sich dein Bewusstsein spalten und quasi dein Doppel im Spiegel zur Schau stellen. Was ist echt an diesem Spiegelbild? Die innere Spaltung findet statt, wenn du der Wahrheit über dich auf die Spur kommst, wenn du dich zu reflektieren und von außen zu betrachten beginnst. Diese Distanz schafft einen gewissen Schutzraum, der es dir etwas leichter macht, ehrlich zu sein. Wenn du nicht die ganze Wahrheit über dich auf den Tisch legst, kann die scheinbare Person nicht verschwinden. Und solange eine Identifikation mit dem fiktiven Ego, mit seinem scheinbaren Eigenwillen, seinem Vergleichen und Wollen, seiner Gier und Selbstsucht existiert, solange ist „das gelobte Land" nicht in Sichtweite.

Spaltung findet natürlich auch nach außen hin statt, wenn die Person immer „durchsichtiger" wird, weil immer wahrer. Manch einer wird mit deiner Veränderung nichts anfangen können und anderen mag sie vielleicht sogar Angst machen, weil deine Resonanzen immer schwächer bzw. weniger werden. Es kann sein, dass man dir unterstellt „auf dem falschen Weg" zu sein. Doch egal welche Vorwürfe man dir auch macht, sie können immer nur eine Projektion desjenigen sein, der sie ausspricht. Wenn du wahr wirst, trennt sich die Spreu vom Weizen ... und das ist gut so!

Will mir jemand nachfolgen, der verleugne sich selbst und nehme sein Kreuz auf sich und folge mir.

Wenn du ein Selbst hast oder bist, dann siehst du dich als Einzelwesen, das von anderen getrennt ist und sich hauptsächlich am eigenen Nutzen orientiert. Wenn du Jesus folgst, wirst du unweigerlich selbstlos und die Gedanken, die sich egozentrisch um sich selbst drehen, verflüchtigen sich. Unterschiede existieren nicht mehr, weil Vergleichen und Werten verschwinden. Wenn du in der Wahrheit bist, agierst du Willen-los - da geschieht ein „Wirken", das nichts Persönliches mehr kennt. Und doch trägst du alleine für das was aus dir heraus wirkt und sich durch dich ausdrückt die Verantwortung. Denn alles, was sich in deiner scheinbaren Person (im identifizierten Bewusstsein) abzuspielen scheint, ist das EINE und alles, was durch dich geschieht ist deshalb von dir zu verantworten, weil du das EINE bist und es macht keinen Unterschied, ob du dir dessen bewusst bist oder nicht - du musst dein Kreuz tragen so oder so.

`Ihr sollt niemanden unter euch Vater nennen auf Erden, denn einer ist euer Vater, der im Himmel ist.`

Wenn du auf deinem spirituellen Weg wandelst, wirst du unweigerlich mit der dort verkündeten Weisheit konfrontiert die besagt, dass du „niemals geboren wurdest". Weiter wird verkündet, dass es dich nicht wirklich gibt und du nur eine Illusion wärst, eine „Form", manifestiert vom EINEN, die „nur geträumt" (vorgestellt) wird und deshalb kein reales, unabhängiges Wesen mit einem eigenen Willen sein kann. Sämtliche Zähne phänomenalen Glaubens werden dir dort einzeln gezogen, bis du erkennst, dass du immer nur dieses „EINE ICH" warst und bist. Dieses „EINE ICH" ist nicht zu verwechseln mit dem „eingebildeten Ich" (Ego), das du glaubst zu sein, wohinter aber lediglich die Identifizierung des Bewusstseins (manifestiertes EIN-ICH) zu finden ist. Das menschliche „Erzeugerpaar" ist quasi ein „Wirken Gottes", also eine Funktion des EINEN und deshalb kann in diesem Sinne auch nur das EINE (das du paradoxerweise selbst bist) der *wirkliche* „Vater" sein.

Selig die Armen im Geiste, denn ihnen gehört das Himmelreich.

Man könnte meinen, dass Jesus dem Verstandesdenken offenbar keinen besonderen Wert beimisst. Jedoch scheint die „Geistesarbeit" dem Erwachen zuzuarbeiten, weil durch sie schlussendlich erkennbar wird, dass die „Aufgabe" des Verstandesdenkens alleine darin liegt, aufzugeben. Die intellektuelle Auseinandersetzung der Philosophen kommt zum selben Schluss, was sich in Sokrates' Worten „Ich weiß dass ich nichts weiß" zum Ausdruck bringt. Geistig arm zu sein bedeutet zu wissen, dass *nichts Wirkliches gewusst* werden kann. Dich mit vermeintlichem Wissen zu brüsten, hat lediglich die Aufblähung des illusionären Egos zur Folge. Jegliches Wissen der Menschheit baut letztlich nur auf den Sand der Vermutungen und kann deshalb nicht wahr sein - die Erkenntnisse von Forschung und Wissenschaft bleiben ewig Theorie.

Wissen und Denken ist als solches jedoch keinesfalls wertlos; es kommt nur darauf an, welchen Stellenwert du beidem beimisst. Wenn der Verstand der Mentor deines Lebens ist hast du verloren, weil das EINE niemals gewusst werden kann. Wahrheit erfasst dich vielmehr ahnend durch Einsichten oder blitzartig, sobald das identifizierte Bewusstsein seine illusionäre Existenz erkannt hat. Die geistige Arbeit im Sinne von Denken bleibt dann als reine Funktion bestehen, was bedeutet, dass es einfach stattfindet, ohne dass ein Jemand glaubt es aktiv zu tun.

Der erwachte Geist ist „arm", weil sich in ihm weniger bewegt; das ständige Kommentieren und Etikettieren hat aufgehört. Den Geist „zu leeren" ist das Ziel östlicher spiritueller Lehren, weil dort das EINE „Leerheit" ist. Geistige Leere kann jedoch nicht „erzwungen" werden; sie ist dann da, wenn du (Ego) fehlst.

Selig die keine Gewalt anwenden, denn sie werden das Land erben.

Mahatma Gandhi ist dieser Überzeugung wahrlich gefolgt in seinem kampflosen Kampf für die Gleichberechtigung (ergibt Frieden). *Bewusste* Reaktionslosigkeit darf nicht mit Passivität verwechselt werden, denn das würde Gleichgültigkeit bzw. Ignoranz implizieren. *Bewusst* Resonanz-los zu sein bedeutet, dass du keinen spontanen, automatischen und daher unbewussten Reaktionen mehr ausgeliefert bist. Dies erfordert eine ehrliche Schau in dein eigenes Psychogramm. Gewalt ist ausgeschlossen, wenn du bewusst bist, weil du weißt, dass Gewalt nur ebensolche hervorrufen kann. Äußerer Frieden kann nur gelebt werden, wenn er aus dir heraus entsteht, also durch dich selbst manifestiert wird. Wenn du nicht in Frieden bist, ist es deine Welt auch nicht, weil sie deinen inneren Zustand widerspiegelt. In diesem Sinne „erbst" du das, was du bist; und das macht nicht nur die „Aktivität", die Gandhi in seinem Zitat „ Sei du die Veränderung, die du in der Welt sehen willst" (o.ä.) deutlich, sondern verweist damit auch auf Eigenverantwortung.

Selig die Barmherzigen, denn sie werden Erbarmen finden.

Das was du lebst bist du und das was du bist findet seine Entsprechung im Außen. Es gibt keine Trennung zwischen Subjekt und Objekt, weil das, was das Subjekt aussendet, vom Objekt empfangen und spiegelgleich zurückgesendet wird. Das bedeutet vereinfacht ausgedrückt, dass alles was du tust zu dir zurückkommt. Das muss nicht immer gleich und sofort sein, aber unweigerlich. Wenn du also Erbarmen für andere zeigst, dann deshalb, weil du Barmherzigkeit bist. Wenn du Barmherzigkeit bist, wird sie dir von anderen widergespiegelt. Du bist niemals ohne das Andere und das Andere ist niemals ohne dich, weil du es erschaffst. Wenn du dir dessen *wirklich* bewusst bist, wenn du diese Aussage nicht nur intellektuell verstanden hast, sondern wenn sie in dir wirkt, wie solltest du dann noch in der Lage sein Leid zu erschaffen?

Selig die Sanftmütigen, denn sie werden das Erdreich besitzen.

Sanftmütig bist du, wenn du Erbarmen zeigst und Gleichheit lebst. Nur in der Neutralität kannst du den Schmerz eines anderen fühlen, weil du ihn als dich selbst empfindest. Sanftmütigkeit entspringt dem Mitgefühl und damit dem Wissen, dass nichts von dir getrennt ist. Du bist sanft, was liebevoll meint - also voller Liebe. Und das meint nicht, dass du losgelöst und mit selig verdrehten Augen durch die Welt gehst, sondern im Gegenteil, dass dich nichts erschüttern kann, weil dich die Liebe erdet. Sie ist das Beständige in der Unbeständigkeit, das EINE, das immer IST.

Selig die Friedfertigen, denn sie werden Gottes Kinder heißen.

Wenn du im EINEN angekommen bist, dann weißt du, dass du „Gottes Kind" bist und immer warst. Dann sind Annahme, Loslassen, Neutralität, Toleranz, Akzeptanz, Liebe und Frieden nur noch leere Begriffe für dich. Sie entstammen einer Welt, in der man all dies „tut". Es sind Konzepte, die in dir wirken, weil man sie dir beigebracht hat oder weil du sie dir selbst „antrainiert" hast. Als „Gottes Kind" *tust* du nichts dergleichen, weil du all das *bist*. Du ruhst in dir, weil du nichts mehr tun *musst*. Nach außen hin kannst du das mit Kongruenz beschreiben oder als Authentizität wahrnehmen.

„Gottes Kind" kann sich nicht mehr selbst im Weg stehen weil es in sich EINS ist. In ihm fließt das Leben frei und ohne Widerstand; lediglich begrenzt durch die Natur seines Körper-Geist-Organismus.

Selig die hungern und dürsten nach der Gerechtigkeit, denn sie werden satt werden.

Wenn in dir nicht die Sehnsucht nach Wahrheit ruft, wirst du eher nicht den Wunsch haben, hinter den Vorhang der oberflächlichen Welt zu schauen. Sofern du *wirklich* glücklich bist mit deiner Lebenssituation, gibt es offensichtlich gar keinen Grund etwas an ihr zu ändern oder sie gar zu verlassen. Das ist vollkommen in Ordnung, weil es kein „Muss" geben kann und alles was danach aussieht ist konditioniert, aufgezwungen und entspricht nicht der Wahrheit, die völlig frei ist. Einzig entscheidend ist, dass du *bewusst* bist, dass du selbstverantwortlich lebst und niemand anderen schuldig sprichst, wenn die Dinge mal nicht so verlaufen, wie du es dir vorgestellt hast. Wenn du bewusst lebst, wirst du unweigerlich „wahr" und damit automatisch „gerecht", was bedeutet, dass alles und jeder den gleichen Wert hat. Oder klarer ausgedrückt: Gerechtigkeit entspringt Neutralität, die keine Wertung kennt.

Wenn du hingegen ein Drängen in dir verspürst und „dein Leben der Gerechtigkeit hingeben willst", dann ist das dein Weg. Beide Wege *bewusst* gegangen, versprechen die Fülle, die in der Wahrheit (Gerechtigkeit) liegt. Jede Art von Unbewusstheit hingegen kann niemals „satt machen".

Selig die Trauernden, denn sie werden getröstet werden.

Mitgefühl verbindet Ich & Du durch das Band der Liebe. Liebe entsteht durch das Wissen, dass Du & Ich dasselbe *ist*. Liebe *ist* Mitgefühl und Mitgefühl *ist* Liebe. Trauer folgt auf Schmerz, Wut und Widerstand. Sie entsteht, wenn Loslassen geschieht. In diesem Moment gibt sich bedingungslose Liebe zu erkennen, weil keine Wertung mehr existiert und vollständige Hingabe gelebt wird. Das ist der Trost, der dann eintritt, wenn Liebe dir zeigt, dass das Innen und Außen der Welt EINS ist. Es ist die Liebe, die dich im anderen sehen (fühlen) lässt und deshalb „nicht von dieser Welt" ist.

Selig die da Leid tragen, denn sie sollen getröstet werden.

Zu leiden bedeutet an einem Punkt angelangt zu sein, an dem sich Wahrheit offenbaren möchte. Wenn du Einblick gewinnst in die Machenschaften deines begrenzten Verstandes, deiner „kranken" Konditionierung und deiner „unwahren" Konzepte, kann nur eine schmerzvolle Ohnmacht auftauchen, weil du deine eigene (Selbstwert-)Illusion erahnst. Widerstand verstärkt den Schmerz zu Leid, weil er sich in letzter Konsequenz immer gegen das Leben selbst richtet: Du willst es nicht so haben wie es gerade ist! Sobald du dir deines Widerstandes gegen „Das-Was-Ist" (und immer sein wird) bewusst wirst, löst sich das Leid in dieser Einsicht auf und Trost geschieht augenblicklich. Das „Erleben" von Wahrheit (Einsicht) *ist* Trost, der jede (dinghafte) „Belohnung" lächerlich macht.

Selig die reinen Herzens sind, denn sie werden Gott schauen.

Gott ist Wahrheit und Wahrheit ist „Klarheit im Geiste". Du könntest nicht weiter von der Wahrheit entfernt sein, als im unbewussten Zustand. Unbewusstheit im Sinne von Ignoranz und Verantwortungslosigkeit ist das was deinen Geist „unrein" macht. Das was dich „vernebelt" sind deine Konditionierungen, die dich zum Roboter machen, der Wahrheit nicht fühlen kann, weil er nur durch die Prägung seines Verstandes funktioniert. Das „Reine Herz" bedeutet nicht Sündenfreiheit im religiösen Kontext, sondern Bewusstheit und nur sie öffnet dich zum „Wahren Ich", das Gott ist.

Selig die um der Gerechtigkeit willen verfolgt werden, denn ihnen gehört das Himmelreich.

Im Wort „Gerechtigkeit" drückt sich Wahrheit aus bzw. ohne Wahrheit keine Gerechtigkeit. Damit ist weder eine gesetzliche Rechtssprechung, noch eine gesellschaftliche Normierung gemeint, nach der diese Welt scheinbar funktioniert. Aber eben nur „scheinbar", weil es sich dabei um menschliche Konditionierungen handelt, die durch den begrenzten Verstand logischerweise nur fehlerhaft sein können. Das wird in allen Geschichtsbüchern „bewiesen". Wenn du nach diesem konditionierten „Programm läufst", lebst du automatisch an dir vorbei. Es kann nicht *deine* Wahrheit sein, weil der Verstand nicht wahr ist. Wahr ist das was „abseits“ deiner Konditionierung liegt und darauf wartet von dir gelebt zu werden. Es braucht weder Gesetze, noch Normen oder Regeln. Es ist in seiner Wahrheit automatisch gerecht, weil das „göttliche Prinzip“ immer den Ausgleich schafft. Der, der nach seiner „inneren Gerechtigkeit“ lebt, ist weltlich bzw. gesellschaftlich betrachtet „gesetzlos“, andersartig, ein Outsider, weil er sich unsinnigen Regeln widersetzt und mutig seine Wahrheit kundtut. „Spielverderber“, die die Wahrheit aus sich heraus leben, leben zwar (mehr oder weniger ausgegrenzt) in dieser Welt, spielen aber nicht mehr mit - ihr Zuhause *sind* sie selbst.

Selig die Frieden stiften, denn sie werden Söhne Gottes genannt werden.

Man könnte meinen, dass ein Friedenstifter sanft sein müsste, doch dem ist eher nicht so. Es nützt dem Frieden nämlich nicht auf Dauer, wenn du dich immer nur am Guten orientierst. Ständig nur lieb zu sein löst weder Probleme, noch hilfst du deinem Freund damit sich selbst zu erkennen. Der Friedenstifter kann manchmal auf den ersten Blick durchaus als unbequem wahrgenommen werden. Er ist nicht selten der

„Störenfried", weil er den „unechten" Frieden durchschaut und mit Wahrheit zerschlägt. Der wahre Friedenschaffende ist also nicht der, der „des lieben Frieden willens" nachgibt (und so den Unfrieden weiter im Untergrund schwelen lässt), sondern der, der unehrliche Machenschaften aufdeckt. Der wahre Friedenstifter ist nicht korrumpierbar und wird dich unweigerlich dazu zwingen (schmerzhaft) deiner Wahrheit zu begegnen. Niemand wird wahren Frieden finden, ohne nicht zuvor seinen Unfrieden durchschaut zu haben und dadurch „Sohn oder Tochter Gottes zu sein".

Selig seid ihr, wenn ihr um meinetwillen beschimpft und verfolgt und auf alle mögliche Weise verleumdet werdet. Freut euch und jubelt. Euer Lohn im Himmel wird groß sein.

Jesus macht immer wieder klar, dass es sich in gewisser Weise lohnt (selig macht), wenn du dich der Diffamierung hingibst und tapfer aushältst, wenn andere schlecht über dich sprechen. Wenn dich die Wahrheit verzehrt und du innerlich für sie brennst, dann setzt sie so viel Energie in dir frei, dass dich keine üble Nachrede mehr verletzen kann. Da scheint eine Kraft aus dir herauszuströmen und sich wie ein Schutzschild um dich zu legen und du jubelst innerlich, weil die Freude am Leben alles überstrahlt. Du lebst in einer Gewissheit die vollkommen zweifelsfrei ist. Dir immer und jederzeit gewahr zu sein, dass es so wie es ist gut ist, ist „der Lohn der Verleumdung".

Siehe ich bin bei euch alle Tage bis ans Ende der Weltzeit.

Vater und Sohn sind EINS. Du bist nicht getrennt von Gott und Gott ist nicht getrennt von dir. (Scheinbar) Zwei sind EINS - Advaita. Trennung ist nie geschehen; du hast „nur" vergessen wer du bist. (In der) Wahrheit zu sein heißt (in) Gott zu sein „bis ans Ende deines Weltenlebens".

Mein Gott, mein Gott, warum hast du mich verlassen?

Kurz vor Ende seines Erdenlebens erlebt Jesus das Loslassen der „letzten Hand". Bis dahin sah er sich noch als „Zwei". Er fühlte sich mit einer Aufgabe betraut, die eine scheinbare Autorität, die ihn führt und an die er sich anlehnen kann, notwendig machte. Im Moment des Verlassenseins leuchtet die Einsicht auf, dass es diese Autorität nie *wirklich* gab. Es ist der Verlust des Glaubens an eine Macht die außerhalb von ihm liegt, ihn beschützt und durch die er sich rechtfertigen kann. Er erkennt die Illusion der Zweiheit und kämpft mit der letzten Angst seines Menschseins: der Angst vor der Einsamkeit, dem Verlassensein. Mit seinen letzten Atemzügen lässt er den Wunsch nach einer infantilen Vater-Mutter-Figur los. Der Schmerz tiefer Einsamkeit ist sehr groß und trifft dich mitten in deinem Wesenskern. Es ist als wärst du abgeschnitten vom Rest der Welt - es ist Sterben. Doch wenn du dieser Verlassenheit nicht entfliehst (durch Ablenkung), wenn du sie tapfer erträgst und das brutale Gefühl des „Mutter-Seelen-Alleinseins" aushältst, beginnt die Transzendenz, die alles Leid hinter sich lässt.

Vater, in deine Hände lege ich meinen Geist.

Durch den „Wegfall" des Wunsches nach Autorität wird Jesus auf sich selbst (Sohn=Vater) zurück geworfen und das WAHRE EINE ICH wird sich gewahr, dass seine Identifikation mit Gedanken, Überzeugungen und Konzepten eine illusionäre VerICHung (Ego) erschaffen hat. Dieser Einsicht, die in der östlichen Spiritualität „Erleuchtung" genannt wird, folgt die „Auferstehung" in eine Welt der Willenlosigkeit, in der vollständig das gelebt wird was IST und die von daher absolut wunschlos ist. In ihr existieren weder Aufgaben noch Ziele, weil es in der „psychischen Zeitlosigkeit" kein Wollen & Werden mehr geben kann. Alles Leben (jede Art von Materie und Nicht-Materie - Geist und Nicht-Geist) wird als Dasselbe erkannt und so verschwinden Intoleranzen (Grenzen) während Mitgefühl (Grenzenlosigkeit) entsteht.

„Deinen Geist in des Vaters Hände zu legen" bedeutet, *als* das WAHRE EINE ICH zu leben bzw. das WAHRE EINE ICH zu *sein*. Es ist reines GEWAHRSEIN (immerwährende Bewusstheit), das quasi nicht mehr durch einen „verschmutzten Ego-Filter" schaut, sondern „rein" und *direkt* wahrnimmt. Da das WAHRE EINE ICH nicht nur das fortlaufend horizontale Geschehen in der Zeit wahrnimmt, sondern sich durch eine zeitlose vertikale Schau in die Tiefe der Wahrheit sublimiert, ist es „allumfassend" und „zweifelsfrei" DAS WAS IST.

jesus jetzt

Was würde Jesus heute wohl sagen? Vermutlich würde er zuerst einmal sein Erschrecken darüber ausdrücken, dass es offensichtlich kaum jemandem in den letzten 2000 Jahren gelungen ist, seine Botschaft zu verstehen, geschweige denn sie zu leben. Wie sonst hätten so viele Kriege stattfinden, Feindschaften, Intoleranzen, Verfolgungen und Ausgrenzungen geschehen können? Und das ist nicht der Vorwurf eines christlich konditionierten Gewissens, sondern eine wahrheitsgemäße, auf Fakten basierende Feststellung eines gesunden Logos.

Jesus würde demnach vielleicht versuchen, all das (wieder) zu vereinen, was im Laufe der Menschheitsgeschichte getrennt wurde. Er würde vermutlich jeden Unterschied auflösen und ein „Du“ ansprechen wollen, das „Ich“ meint. Er würde wahrscheinlich die Absicht verfolgen, jegliche Wertung aus dem Bewusstsein zu schaffen. Das bedeutet nicht, dass dir nicht das eine näher liegen darf als das andere; es bedeutet lediglich, dass nichts *wirklich* mehr oder weniger Wert hat. Die Notwendigkeit gelebter Selbstverantwortung könnte sein Hauptanliegen sein, womit er gleichzeitig bewusst machen würde, dass Abhängigkeiten (Dämonen) nur einem „Opfer-Geist" entspringen können. Überhaupt könnte „Selbstverantwortung" seine heutige Wortwahl für „Wahrheit" sein, denn „wahres" Handeln ist automatisch selbstverantwortlich.

Doch wenn wir ehrlich sind, hat Jesus eigentlich bereits alles gesagt und so wie es damals offensichtlich nicht genug war, würden seine Worte wohl auch heute nicht ausreichen, um das infantile Bewusstsein der Menschheit auf die erwachsene Ebene zu transformieren. Dieser Entwicklung entgegen wirkt der weltweit verbreitete „Glaube" verschiedener Religionen. Solange du „glaubst", verweilst du in einem Bewusstseinszustand, der per se keine Verantwortung tragen kann, weil du gewissermaßen nur defensiv und auf Anweisung funktionierst. Was willst du mit einer Menschheit anfangen, die sich einmal im Jahr in einem „Fest der Liebe" verliert anstatt andauernd und fortwährend im Mitgefühl zu sein? Welche Argumente findest du für ein Bewusstsein, das Liebe mit Kommerz verwechselt? Was willst du aus einem Geist machen, der stumpf hundertjährigen Traditionen folgt, die mit dem Jetzt nichts mehr zu tun haben? Wie kann hier noch geholfen werden?

Vielleicht hätte Jesus zwischenzeitlich auch über sich selbst und seine ursprüngliche Aufgabe reflektiert und wäre zu der tiefen Einsicht gelangt, dass es „Perlen vor die Säue geworfen ist", sich weiter einer „bewusstlosen" Welt zu opfern. Er könnte mittlerweile „gelernt" haben, dass Selbstverantwortung nicht über einen anderen (ihn), sondern nur und erst dann entstehen kann, wenn man sich selbst überlassen ist.

Die Welt verändert sich nicht durch Jesus, sondern nur durch dich selbst. Alle sonstigen Verweise sind Ausreden. Und dabei ist es egal, in welcher Art von „Erscheinung" du in dieser un/wirklichen Welt existierst. Du bist nun mal da und trägst Verantwortung für das was aus dir heraus getan wird oder auch nicht.

Niemand kann dir letzten Endes etwas beibringen und kein Rat kann dir wirklich helfen. Es gibt nur dich und das Leben (als EINS), das dir das widerspiegelt, was du denkst und tust – der Beobachter und der Beobachtete ist *EINS. Schau in diesen Spiegel und erkenne dich selbst. Das ist die „Geburt" wahrer Selbstverantwortung, die „den anderen so behandelt, wie du von ihm behandelt werden willst"!*

noumenales nachspiel

Wenn du vom Phänomenon und Noumenon sprichst, hast du den Mythos durchschaut und bist aus dem Tiefschlaf deiner Konditionierung erwacht. Offensichtlich gab es auch schon vor Beginn der Geschichtsschreibung vereinzelt Menschen, die dem Bewusstsein ihrer Zeit weit voraus waren bzw. in einer Bewusstheit lebten, die scheinbar „nicht von dieser Welt ist".

Wie bereits beschrieben, kann das Noumenale nicht gewusst werden, weil es jenseits der menschlichen Form liegt und vom Verstand nicht begriffen werden kann. Stelle dir eine Münze mit zwei Seiten vor: Wenn du Kopf siehst, kannst du Zahl nicht erkennen und umgekehrt. Wenn das Noumenale da ist, ist das Phänomenale abwesend; wenn das Phänomenale da ist, ist das Noumenale abwesend. Beides ist EINS, diese EINE Münze, Leerheit, Energie, EIN Gewahrsein, Geist, Bewusstsein, Potential, Gott, Nichts etc. Es ist egal wie du es nennst, weil es kein Ding oder Sache ist – es ist das was *IST* und keinen Namen kennt .

Die Phänomene werden als „Erscheinung" betrachtet, weil sie aus dem NOUMENALEN (GEIST) entstehen. Fortfolgend erschaffst auch du als Erscheinung Phänomene (Objekte) in deinem Geist. Du manifestierst nichts ohne es dir zuvor vorzustellen. Ist dein Geist rein und klar, wirst du Reines und Klares erschaffen. Ist dein Bewusstsein vernebelt, krank und unwahr, wirst du ebensolches in die Welt projizieren. Alles liegt an dir, weil du als ein vom NOUMENON „gemachtes" Phänomen selbst NOUMENALER GEIST bist.

Das NOUMENON, als reines Potential, spaltet sich während seiner Manifestation in Beobachter und Beobachtetes. Dabei bist du die Erscheinung, also das manifestierte Beobachtete, das vom nicht-manifesten (manifestierenden) NOUMENON beobachtet wird. Du kannst das in dem Moment erahnen, in dem du dich zu reflektieren beginnst und deine eigene Beobachter-Position vom „Äußeren" ins „Innere" lenkst (als phänomenale Erscheinung beobachtest du wiederum deine äußeren Objekte). Der NOUMENALE Beobachter erscheint in deinem Bewusstsein, wenn du den Blick in den Spiegel wirfst und beginnst dich selbst zu erkennen. Die Reflektion führt dich durch dein menschliches Psychogramm und kann darüber hinaus im „Verschwinden der psychischen Person" enden, wenn du nicht weg schaust.

Das Erfassen der Ego-Illusion ist also das Erkennen, dass du der Beobachter (NOUMENON) deines „eingebildeten getrennten Selbst" (PHÄNOMENON) bist. Ohne Erkennen dieser Wahrheit bleibst du dem Phänomenalen verhaftet („kein Ende des Leidens in Sicht"), weil du nicht weißt, dass die Kehrseite der Münze deine eigene ist. Wahrheit kann nur aus dir heraus erfasst und gelebt werden.

Die Wissenschaft sucht noch immer nach einer „schlüssigen" Erklärung, weshalb wir offensichtlich alle diese eine Welt (das Gleiche) wahrnehmen. Doch liegt die „einfache" Wahrheit vielleicht darin, dass es nur dieses EINE GEWAHRSEIN gibt, also nur einen einzigen Beobachter, der aus allem (jedem Phänomen) heraus wahrnimmt? Bedeutet das nicht, dass ALLES diese EINE WAHRHEIT ist und es deshalb nur EINEN Seher und damit auch nur EIN UNIVERSUM FÜR ALLE geben kann?

Das ist die noumenale Jesus-Botschaft. Sein Aufruf nach Mitgefühl, das den anderen als dich selbst erkennt, ist der Hinweis auf ebendieses ALL-EINE. Diese Wahrheit zu leben bedeutet „Frieden auf Erden und den Menschen ein Wohlgefallen".

D A N K E

www.martina-kern.com

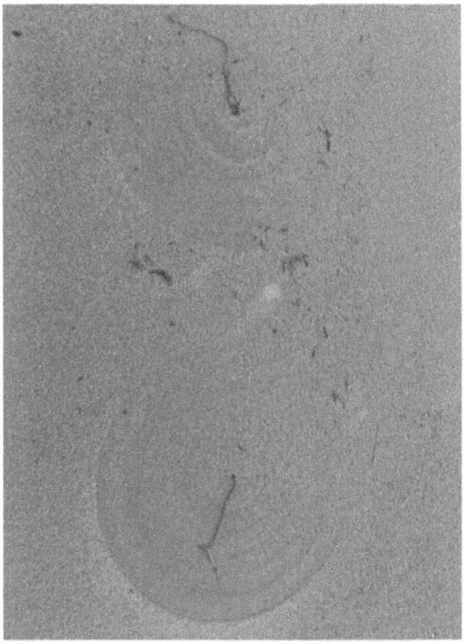

Bereits erschienene Taschenbücher
(auch unter INA KERN)
siehe nächste Seiten

Zu bestellen bei tao.de und überall
im Internet- und Buchhandel

Durch ihre psychologische Arbeit mit vielen hilfesuchenden Menschen und aus ihrer spirituellen Einsicht wurde es für Ina Kern immer offensichtlicher, dass das Thema „Selbstwertgefühl" Ursache vieler Probleme ist und den Menschen in seiner „Opferrolle" hält.
Sie erkannte, dass ohne Selbstwert-Sein, sich das Leben leichter und freier gestaltet und die Konflikte mit dem Umfeld und sich selbst verschwinden.
Ein paradoxer Ansatz, der umso mehr wirksam ist, als alles andere, was bisher in Psychotherapien und Selbsthilfebüchern angeboten wird.

Dieses Buch ist kein weiterer Ratgeber „gegen" die Angst, sondern stellt deren Aspekte im konstruktiven Sinne dar. Der Autorin ist es wichtig, dass du erkennst, dass die Angst dich befreien kann; aus der Enge deiner Gedanken über dich selbst, deiner Möglichkeiten und deiner Welt. Angst kann zu deinem Leitfaden werden und deinen Lebensraum erweitern: „Stelle dich deiner Angst. Wenn du durch sie hindurch gehst, entsteht Freiheit – alles ist möglich!" Ina Kern stellt die verschiedenen Gesichter der Angst vor, deren Projektionen und Ursachen und zeigt auf, wie du dich aus ihr befreien und heilen kannst.

Ina Kern versucht in diesem Buch den Spagat zwischen rationalem Verstandesdenken und spiritueller Weisheit. Sie zeigt dir einen Weg heraus aus der Problemwelt des egozentrischen Paradigma 2 hinein in das neutrale Paradigma 1 und macht deutlich, dass du alle Möglichkeiten hast, deine Probleme im Nichts verschwinden zu lassen, wenn du die grundsätzliche Ursache aller Probleme erkannt hast. Das Buch leitet in seinem zweiten Teil auf über 170 Seiten durch psychologisch-spirituell fundierte Antworten zu Themen wie Beziehung, Selbstwert, Loslassen, Vergebung, Sinn, Sein und Erleuchtung aus der Theorie über in die Praxis eines bewussten Lebens.

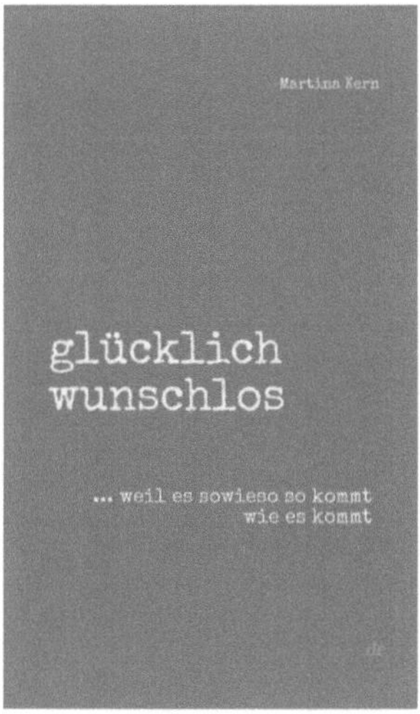

Solange du dein Glück in Bestellungen beim Universum suchst, hast du dich noch nicht gefunden.
Deinem SoSein fehlt nichts,
es ist wunschlos glücklich.
Doch du spürst es nicht, weil du im Außen suchst.
Jeder einzelne Wunsch ist letztlich „Haben-Wollen"
Und so lange du das nicht wahrhaben willst,
bleibt Abhängigkeit bestehen.
Du musst dir kein Glück wünschen, weil es schon da ist,
du kannst es nur noch nicht erkennen.

Ein kleines Buch über Ego, Gier, Abhängigkeit, Wahrheit, Sehnsucht, SoSein, Selbstverantwortung, Bewusstsein ... und Glück!

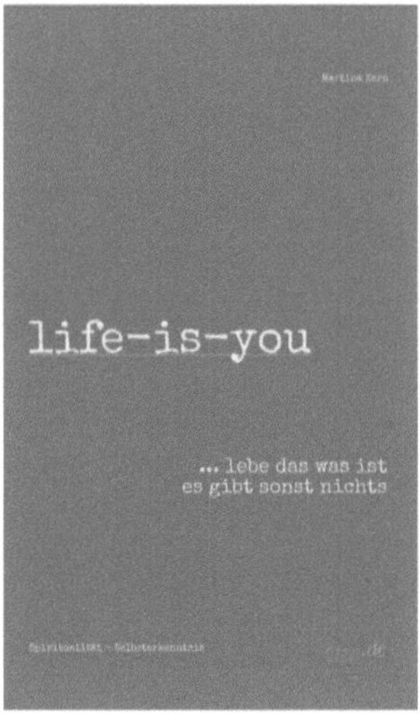

Ein unbewusstes Leben, das sein wahres SoSein verschleiert, kann nur Leid verursachen.
Wenn du deine Egozentrik überschreiten und ein befreites Leben leben willst, kannst du durch Schattenarbeit und Dekonditionierung dein reines SoSein wieder zum Vorschein bringen.
Um dich selbst zu erkennen, brauchst du weder in ferne Länder reisen, noch angestrengt Stille üben.
Selbsterkenntnis geschieht durch BewusstSein.
Basis des bewussten Seins ist Wahrheit.
Sie ist der Schlüssel zu deinem Schloss.
Du erkennst, dass du „Alles im EINEN" bist.

Im zweiten Teil des Büchleins findest du eine wahre Geschichte vom „Suchen und Finden".

*Hast du dich schon einmal gefragt, wie dieser ICH-Komplex, der deinen Namen trägt, funktioniert?
Glaubst du, dass dieses ICH die absolute Kontrolle hat oder hast du schon einmal die Erfahrung gemacht, dass etwas nicht geht oder du etwas getan hast, obwohl du es eigentlich gar nicht wolltest?
Dieses Buch gibt dir Aufschluss darüber, dass fast alles was du tust automatisch abläuft und dass alles was in deinem Leben geschieht aus dir heraus entsteht – ja, auch das was dir nicht gefällt.
Wenn du die Hinweise, die dieses Buch dir gibt, tatsächlich und ernsthaft überprüfst und die Wahrheit die sich daraus ergibt zutiefst verinnerlichst, geschieht Selbsterkenntnis, die das mit sich bringt, nach dem du dich zeitlebens gesehnt hast.*